Alexander Christiani

111 Motivationstipps für persönliche Höchstleistungen

Alexander Christiani

111 Motivationstipps für persönliche Höchstleistungen

mvg Verlag

Die Deutsche Bibliothek – CIP-Einheitsaufnahme

Christiani, Alexander:
111 Motivationstipps für persönliche Höchstleistungen / Alexander Christiani. - Landsberg ; München : mvgVerl., 2002
ISBN 3-478-73180-1

Illustration von Thomas Berendt, Braunschweig
www.thb-illustration.de

Umschlaggestaltung: Vierthaler & Braun, München
Satz: abc.Mediaservice GmbH, Buchloe
Druck: Himmer, Augsburg
Bindearbeiten: Thomas, Augsburg
Printed in Germany 73180/100201
ISBN 3-478-73180-1

Inhaltsverzeichnis

Vorwort 11

1. Positiv-Motivation allein reicht nicht! 13
2. Der Schlüssel zu neuen Gewohnheiten 15
3. Wünsche als Vorboten unserer Fähigkeiten . 17
4. Ein Rezept zum Glück 19
5. Glücksfaktor Zeit 21
6. Kleine Ursachen mit großen Konsequenzen 23
7. Die Zukunft gehört den „life-long-learners" 25
8. Lachen ist die beste Medizin 27
9. Das Prinzip Verantwortung 29
10. Planung ist der Schlüssel 31

11. Carpe diem – ergreife den Tag 32
12. Werde, der du werden kannst! 33
13. Eine Persönlichkeit wird man nur durch die Aufgabe, der man sich stellt 35
14. Der Preis-Test 37
15. Das Geheimnis der Problemlöser 39
16. Die Kunst der Entscheidung 41
17. Das Geheimnis neuer Gefühle 43
18. Urlaub im Kopf 45
19. Stimmungsmanagement by Bodymanagement 47
20. Falschen Denkgewohnheiten auf der Spur . 49

21. Der Barriere-Überwinder 51

22. Warum leichte Selbstüberschätzung der beste Weg zu persönlichen Höchstleistungen ist 53
23. Neue Fragen sind der Schlüssel zu neuen Antworten 55
24. Die Frustfalle überwinden 57
25. Die Hindernisse von heute als Bausteine zum Erfolg von morgen nutzen 59
26. „Die Macht der Gewohnheit“ 60
27. Unterlassungssünden auf dem Weg zur Hölle 61
28. Modelling of Excellence 63
29. Professionelles Stimmungsmanagement . . . 65
30. Zeitsouveränität 67

31. Dankbarkeit als Schlüssel zum Glück 69
32. Der Weg zu besseren Entscheidungen 70
33. Negative Gefühle transformieren 72
34. Sind wir unseres Glückes Schmied? 74
35. Energieräuber entlarven 76
36. Wie Sie jeden Tag 30 Prozent mehr schaffen 77
37. Die Suche nach dem Sündenbock 79
38. Gefühle konstruktiv managen 80
39. Ist Erfolg zufällig? 82
40. Kleine Dinge sind oft der Anfang großer Unternehmungen 83

41. Der Narr und der Weise 84
42. Geldbewusstsein 86
43. Ausnahmen als Gewohnheitskiller 88
44. Aufschieberitis 90
45. Nein sagen lernen 92
46. Aller Anfang ist schwer, bevor es leicht wird 94

47. Alice im Wunderland 95
48. Übereinstimmung in Worten und Taten . . . 97
49. Das Geheimnis der grundlos guten Laune . . 99
50. Erfahrungen sammeln als Hobby 101

51. Stärken stärken 103
52. Erfolge feiern 105
53. Regeln, die über unser Glück entscheiden . 106
54. Das Gedanken-Gefängnis 108
55. Grenzen überwinden 109
56. Die Kraft der positiven Erwartung 111
57. Erfolgstagebuch 113
58. Vom Wenn-Denker zum Wie-Denker 115
59. Das Gras auf der anderen Seite des Zaunes 117
60. Fernsehsucht 118

61. Eingebildete Grenzen überwinden 120
62. Wir sehen, was wir sehen wollen 121
63. Beruflich Profi, privat Amateur 122
64. Entschuldigungsfaktor Umwelt 123
65. Die motivierende Perspektive der Trainingschance 125
66. Das Schlaraffenland, in dem wir leben . . . 126
67. Souverän reagieren 128
68. Heute schon dazugelernt? 130
69. Die Denkfalle „Ich hab' schon alles erreicht" 131
70. Die größte Herausforderung unseres Lebens 132

71. Unser Lebenstraum als größter Motivator . . 133
72. Innovatives Denken 135
73. Training ist der Schlüssel 137

74. Selbstakzeptanz als Voraussetzung der Veränderung 139
75. Umgang mit Fehlern 141
76. Die Selbstanalyse des inneren Dialogs 143
77. Nehmerqualitäten 145
78. Prügel vom Schicksal 147
79. Die positive Kraft der Rituale 148
80. Unser Qualitätsstandard 150

81. Identifikation mit der Aufgabe 151
82. Beziehungen 152
83. Der Glücks-Produzent 153
84. Gewinner 155
85. Die Magie emotionaler Highlights 156
86. Rezept für Lebenskünstler 157
87. Die Werte hinter unseren Zielen 158
88. Die Saat des Zweifels 160
89. Das Lerntagebuch 161
90. Die kleinen Dinge genießen 162

91. Whatever it takes. 164
92. Ein Markenzeichen von Profis 165
93. Sich selbst belügen 166
94. Das Geheimnis der Selbstdisziplin 168
95. Geben Sie Ihr Bestes? 170
96. Die Gegenwart von der Zukunft her leben . 171
97. Verlierer-Strategien 173
98. Zeit ist Geld oder etwa nicht? 175
99. Das Gefängnis der eigenen Glaubensüberzeugungen 177
100. Durch kleine Verbesserungen zum großen Erfolg 179

101. Die Qualität unserer Fragen entscheidet über die Qualität unserer Antworten 180
102. Glück = Vorbereitung + Gelegenheit 182
103. Der ideale Tag 183
104. Unsere Sicht auf Probleme 185
105. Winning starts with beginning 186
106. Erwarte das Beste! 187
107. Zustand oder Potenzial? 189
108. Je mehr wir etwas lieben, desto weniger empfinden wir es als Arbeit . 190
109. Flexibilität beim Lernen 192
110. Brennende Wünsche 193

111. Motivation, Motivation, Motivation 195

Nachwort 196

Zum Autor 197

Stichwortverzeichnis 199

Vorwort

Liebe Leserin, lieber Leser,

vor einigen Jahren habe ich in meinem Buch „Weck den Sieger in Dir“ eine umfassende Selbstmotivationsmethodik mit all den Strategien und Techniken vorgelegt, die sich in vielen Jahren im Training von Spitzensportlern bewährt haben.

Was mich am Coaching der deutschen Bundestrainer, die ich seit über sechs Jahren mit ihren besten Athleten begleite, besonders fasziniert, ist die Tatsache, dass im Spitzensport der Erfolg von Motivationstechniken sofort mit Stoppuhr und Maßband überprüfbar ist und nicht dem Glauben und Glaubenwollen des Einzelnen überlassen bleibt.

Nachdem in den letzten Jahren aus dem Kreis interessierter Unternehmer, Seminarteilnehmer und Athleten immer wieder der Wunsch an mich herangetragen worden ist, die wichtigsten Motivationstipps doch einmal zu sammeln und als „gute Gedanken für einen guten Tag“ herauszugeben, greife ich diese Idee jetzt gerne auf: Aus über 500 Motivationsideen habe ich für Sie die interessantesten und wichtigsten herausgesucht – ausnahmslos Motivationsrezepte und -tipps, die sich auch ohne vertiefendes Hintergrundwissen in die Praxis umsetzen lassen.

Wer die moderne, vom Leistungssport inspirierte Motivationsmethodik für Spitzenleistungen umfassend kennen lernen will, sollte nach wie vor „Weck den Sieger in Dir“ lesen und trainieren – wer auf vergnügliche Art mit wenigen Minuten täglich die wichtigsten Siegerideen unkompliziert in das eigene Leben integrieren will, dem wünsche ich mit den „111 Motivationstipps für persönliche Höchstleistungen“ viel Freude und Erfolg!

Alexander Christiani Starnberg, im Juli 2002

PS: Mein Tipp: Führen Sie Ihr eigenes Motivationstagebuch. Anregungen dazu finden Sie bei den vorgestellten Übungen. Der angebotene Platz reicht sicher nicht aus – also notieren Sie alle Einfälle und Umsetzungsideen in Ihr Motivationstagebuch. Lassen Sie jeweils etwas Platz, um z.B. nach einigen Wochen zu überprüfen, was Sie bereits umgesetzt haben. Nach Monaten oder gar Jahren können Sie dann beurteilen, wie die Tipps und Übungen Ihr Leben zum Positiven verändert haben!

1. Positiv-Motivation allein reicht nicht!

„Ich weiß ja, was ich tun sollte. Aber ich kann mich einfach nicht aufraffen“, heißt der Stoßseufzer der einen. „Ich habe einfach keine Zeit“ und „Abends fehlt mir die Energie“, lauten die Entschuldigungen der anderen.

Wann immer wir hinter unseren Vorsätzen zurück bleiben, lautet die Frage: „Gibt es ein Motivationsrezept? Gibt es irgendein Werkzeug, eine Technik, die uns hilft, uns selbst zu aktivieren und für gut und richtig Erkanntes auch zu tun?“

Die moderne Motivationspsychologie hat hierzu in den letzten Jahren eine ganze Reihe wirksamer Strategien entwickelt.

Erkenntnis Nr. 1: Positive Motivation allein reicht oft nicht aus: Wer sich seine schlanke Idealfigur lediglich vor Augen hält oder bloß vor seinem geistigen Auge den Wettbewerb gewinnt, verschenkt mit diesen Fantasien rund die Hälfte seines Antriebspotenzials und braucht sich nicht zu wundern, wenn er faul auf dem Sofa sitzen bleibt.

Wir Menschen haben ein bipolares Antriebssystem und sind am stärksten motiviert, wenn wir von beiden Seiten unseres inneren Antriebs „in die Zange genommen werden“. Machen Sie deshalb die **Zangen-Übung**, wenn Ihre Positiv-Motivation allein nicht ausreicht: No-

tieren Sie sich neben allen Vorteilen des Aktivwerdens auch die Nachteile weiterer Untätigkeit. Je besser Sie das Negativ-Szenario visualisieren, umso mehr verstärken Sie Ihren inneren Antrieb. Beispiel: „Wenn ich weiterhin nicht jogge, sehe ich bald so aus wie das Michelin-Männchen und werde meine Füße nie mehr sehen."

2. Der Schlüssel zu neuen Gewohnheiten

Wissen Sie, warum die meisten Menschen sich nicht dauerhaft motivieren können?

Die Antwort lautet: Weil die Bedienungsanleitung für unseren Kopf, mit der die meisten Menschen arbeiten, schlichtweg falsch ist. Nehmen wir an, Sie würden mit „Diät" spontane Assoziationen wie Verzicht, Tortur, Askese verbinden und Sätze wie: „Ohne Schokolade ist Leben nur Leiden!"

Dann arbeiten diese Gedanken für Sie wie ein Autopilot: Beim Anblick von Schokolade wissen Sie ohne viel Nachdenken: „Immer rein!" Beim Anblick von Müsli und Schwarzbrot heißt es: „Das lass sein!"

Wenn Sie nun Ihre Ernährungsgewohnheiten ändern wollen, haben Sie zwei Möglichkeiten:

1. Sie gehen den Weg, den die meisten gehen und der nicht funktioniert: Sie unterbrechen Ihren Autopiloten, kasteien und quälen sich drei Wochen oder Monate mit Müsli und Mineralwasser, doch eines ist klar: Solange Ihr Autopilot mit Schokolade Lust und mit Gemüse Frust verbindet, werden Sie langfristig wieder bei Sachertorte landen. 95 Prozent aller Menschen, die Diät halten, wiegen deshalb zwei Jahre später im statistischen Mittel ein Kilo mehr als vor ihrem Diätversuch.

2. Die fünf Prozent, die sich ändern und Erfolg haben, gehen anders vor: Sie reprogrammieren ihre Gefühlsgewohnheiten. Erst wenn wir anfangen, mit gesunder Ernährung langfristig Lust und mit Völlerei emotionalen Frust zu verbinden, werden wir Erfolg haben. Ehemalige Raucher entwickeln eine heftige Abneigung gegen abgestandenen Zigarettenqualm, obwohl sie kalten Zigarettenrauch während ihrer aktiven Zeit als Raucher überhaupt nicht wahrgenommen haben.

Unser Gehirn entwickelt solche neuen Softwareprogramme durch intensive Gefühle: Wer einmal in einem brennenden Aufzug eingeschlossen war, der entwickelt unter Umständen eine Aufzugphobie, die ihn ein ganzes Leben nicht loslässt.

Wir alle können neue Gewohnheiten aufbauen durch mentales Training, indem wir die uns die positiven und negativen Folgen unseres neuen Verhaltens mit der **Zangen-Übung** auf S. 13 immer wieder intensiv vorstellen.

3. Wünsche als Vorboten unserer Fähigkeiten

„Wenn wir alles tun würden, was wir können, würden wir uns in helles Erstaunen versetzen“, sagte Thomas Edison, einer der berühmtesten und erfolgreichsten Erfinder der Welt.

Was wären Dinge, mit denen Sie sich in helles Erstaunen versetzen würden, wenn Sie sie nur tun würden? Haben Sie das Zeug dazu, eine Fremdsprache zu erlernen, ein Musikinstrument zu spielen, Reiten zu lernen, eine Weltreise zu machen, beruflich umzusatteln, sich selbstständig zu machen oder Yoga-Lehrer zu werden?

Achten Sie auf Ihre Wünsche. Denn sie sind – wie schon Goethe wusste – die Vorboten unserer Fähigkeiten. Und wenn Sie Ihre Herzenswünsche entdeckt haben, stellen Sie sicher, dass Sie nicht am Grund Nr. 1 für Misserfolg scheitern.

Denn die meisten Dinge werden allein deshalb nicht erreicht, weil sie nicht in Angriff genommen worden sind!

Die **Talentscout-Übung:** Schon Goethe wusste, dass unsere geheimen und intensiven Wünsche oft Indikatoren für unsere Talente und Fähigkeiten sind. Dies gilt insbesondere für die Lieblingsaktivitäten, die uns durch unsere Kindheit und Jugend begleitet haben. Erstellen Sie deshalb eine Liste all der Aktivitäten, die schon immer Ihre Begeisterung, Lust und Leidenschaft geweckt haben. Lebenskünstler schaffen es als Erwachsene, ihr Leben immer stärker auf ihre Lieblingsaktivitäten – die Dinge, die sie am liebsten tun und am besten können – auszurichten und den Rest zu delegieren. Und vor allem: Setzen Sie diese Liste um!

Meine Talente:

4. Ein Rezept zum Glück

Interessieren Sie sich für ein unfehlbares Rezept zum Glücklichsein?

Hier ist es: Wann immer Sie in Ihrem Leben 100 Prozent glücklich waren, waren Sie begeistert: Von einer neuen Partnerschaft, Ihrem Beruf, einem Projekt, Ihrem Hobby oder irgendetwas sonst, wofür Sie Feuer und Flamme waren.

Viele sind mit ihrem Beruf zufrieden, haben Spaß am Tennisspielen und gehen zur Abwechslung mal aus.

Doch zu wahrem Glück – mit jeder Faser unseres Wesens glücklich zu sein – braucht es mehr. Charles Kinsley hat es uns verraten: „Zu wahrem Glück brauchen wir etwas, wofür wir uns begeistern können."

Begeisterungs-Übung:
Was sind die Dinge und Aktivitäten, die Sie am stärksten begeistern, Ihre Augen leuchten und Ihr Herz voller Freude schneller schlagen lassen? Die Übung in Kapitel 3 hat Sie eingeladen, hinter Ihren Lieblingsaktivitäten die Dinge zu entdecken, die Sie aufgrund Ihrer Talente am besten beherrschen. Diese Übung

hilft Ihnen, auch nach Ideen, Werten, Idealen und Konzepten – also auch nach den Dingen, die über unsere Aktivitäten hinausgehen – Ausschau zu halten, die Ihren Enthusiasmus wecken.

Was begeistert mich wirklich?

5. Glücksfaktor Zeit

Welcher Faktor ist auf dieser Welt als einziger wirklich gerecht verteilt?

Der amerikanische Präsident, der Papst, Arnold Schwarzenegger, Schulkinder, Hausfrauen, Bettler, Sie und ich – wir alle haben jeden Tag 24 Stunden Zeit. So ungerecht manche Dinge auf diesem Planeten verteilt sein mögen, die Zeit ist demokratisch und für alle gleich.

Zumindest vom Angebot her. Denn was Menschen aus ihren 24 Stunden machen, ist höchst unterschiedlich.

Die Frage ist: Wieso machen manche viel daraus, während anderen, obwohl sie vielleicht nur ein Drittel dessen erledigen, die Zeit vorne und hinten auszugehen scheint?

Zeitmanagement ist also unser Selbstmanagement im Hinblick auf die Zeit. Wie investieren Sie also Ihre nächsten 24 Stunden?

Stellen Sie sich vor, jeder Mensch auf dieser Welt hätte sein persönliches Zimmer und alle Zimmer wären gleich groß – nämlich 24 m^2. Manche hätten dann sicher eine Räuberhöhle, in der alles ungeordnet herumliegt, während andere die Dinge, die ihnen wichtig sind, in Wandschränken untergebracht haben, in denen alles griffbereit verstaut werden kann.

Diejenigen, die ihr Zimmer geschickt organisiert haben, schaffen das scheinbar Unmögliche: Sie bringen nicht nur mehr unter, sondern haben gleichzeitig auch mehr Bewegungsfreiheit.

Gleiches gilt für unseren „Zeitraum“ von 24 Stunden: Wer „Zeitschubladen“ von 10 Minuten Dauer bildet, hat von 6.20 morgens bis 23.00 abends 100 Zeitschubladen, mit deren Hilfe er sein Leben optimal organisieren kann. Machen Sie einmal die **Hunderter-Übung** und definieren Sie, wie optimal Sie Ihren Zeitraum mit 100 Aktivitätsbausteinen nutzen. Wenn Sie dieses Konzept nur vier Wochen lang testen und perfektionieren, sind Sie Ihrem idealen Tag sehr nahe.

Meine wichtigsten täglichen Zeitbausteine:

6. Kleine Ursachen mit großen Konsequenzen

In zehn Jahren werden Sie irgendwo ankommen. Die Frage ist nur: Wo? Wird Ihr Leben dann anderen als Beispiel gedient haben oder als Warnung?

Gehören Sie zu denen, die ohne langes Nachdenken in den Fluss des Lebens springen, mit der Strömung Fahrt aufnehmen und ab und zu in Stromschnellen durchgeschüttelt werden? Die dann eines Tages wach werden, weil das Rauschen der Strömung lauter wird und feststellen: „Ich bin zehn Meter oberhalb der Niagarafälle in einem Boot ohne Ruder."

Zehn Meter oberhalb der Niagarafälle wird's auch für einen Ruderweltmeister schwer, dem drohenden Absturz zu entkommen – sei es ein gesundheitlicher, beruflicher, familiärer oder finanzieller Absturz. Zehn Kilometer flussaufwärts, an der Flußgabelung, hätte ein Ruderschlag ausgereicht, in ruhigeres Gewässer hineinzusteuern.

Wohin müssen Sie heute rudern, um in den nächsten Jahren im richtigen Fahrwasser zu sein?

Die **Niagarafall-Übung:** Kaum jemand wird mit 140 kg Körpergewicht geboren, nur selten sind Menschen 20 Jahre ein Herz und eine Seele, um sich dann am 20. Hochzeitstag wie ein Blitz aus heiterem Himmel scheiden zu lassen und der beste Mitarbeiter eines Unternehmens wird typischerweise nicht als Erster gefeuert: Was uns Menschen als Schicksalsschlag erscheint, ist oft nichts anderes als die Summe aus vielen tausend Miniursachen, die dann eines Tages den GAU auslösen. Genauso wie Misserfolg oft das Ergebnis von Tausenden Minifehlern ist (jeden Tag 100 Kalorien zu viel essen, macht im Jahr drei Pfund Gewichtszunahme, in 30 Jahren also satte 45 kg), ist Erfolg das Ergebnis von Tausenden Minischritten zum Ziel. Machen Sie deshalb die **Niagarafall-Übung** und listen Sie alle positiven und negativen Gewohnheiten, die Sie haben, auf einer Seite auf. Schreiben Sie rechts daneben, wo Sie in zehn Jahren voraussichtlich ankommen. Neben „zweimal täglich Zähen putzen" stände dann „in zehn Jahren immer noch gesunde Zähne", neben „30 Zigaretten" vielleicht „in zwölf Jahren möglicherweise Lungenkrebs".

Meine Gewohnheiten und ihre Folgen:

7. Die Zukunft gehört den „life-long-learners“

„Der Trend zum Zweitbuch hält unvermindert an“, frohlockt der Buchhandel, dessen Sachbuchsegment seit Jahren boomt. Wie steht es mit Ihnen?

Sind Sie einer der Weiterbildungsinteressierten, die den Sachbuch-Trend im Buchhandel mitgestalten oder gehören Sie zu den vielen, die über den Spruch vom Zweitbuch überhaupt nicht lachen können, weil er der Realität viel zu nahe kommt?

Mal angenommen, Sie würden alle 14 Tage ein Fachbuch lesen, das Sie in Ihren beruflichen und privaten Interessengebieten weiterbringt. Das wären 24 Bücher im Jahr – mehr, als einige Manager, die ich kenne, in ihrem ganzen Leben gelesen haben.

Und 120 Fachbücher in fünf Jahren: Vielleicht zehn über Gesundheit und Fitness, zehn über Partnerschaft, Familie und Kindererziehung, 20 über die Anlage Ihres Geldes, 20 Bücher über Ihr Hobby und 60 über Ihr berufliches Fachgebiet. – Könnte es sein, dass Sie damit einer der fundiertesten Experten in Ihrer Branche wären und mehr über Kommunikation und Lernen wüssten als viele, die dies unterrichten?

Die Zukunft gehört den Informations-Besitzern und -Benutzern. Sorgen Sie dafür, dass Sie dazugehören!

Der **Weiterbildungsplan:** Erstellen Sie eine Liste mit all den Themen, die Sie beruflich und privat interessieren. Stellen Sie sich eine Liste mit den besten Büchern für jedes Thema zusammen. Entscheiden Sie, wie viele Bücher Sie pro Monat auswerten können und wollen. Reservieren Sie sich täglich Zeit zur Weiterbildung und sorgen Sie dafür, dass Sie Ihr aktuelles Buch immer dabei haben, um Wartezeiten produktiv nutzen zu können. Protokollieren Sie Ihre Weiterbildungsergebnisse – zum Vegleich: Amerikanische Topmanager kommen auf ca. zwei bis drei Stunden persönliche Weiterbildung pro Tag!

Meine Weiterbildungsthemen für die nächsten Monate:

8. Lachen ist die beste Medizin

Wann haben Sie das letzte Mal laut und herzlich gelacht? Gelacht, bis Sie Tränen in den Augen hatten und Ihnen am nächsten Tag vor lauter Muskelkater der Bauch weh tat?

Sie sagen, das sei schon ein paar Tage her? Oder einige Wochen? Einige Monate sogar? Seit Sie erwachsen sind, waren Sie niemals mehr laut und ausgelassen? In Ihrem Leben gibt es keine Anlässe mehr für ausgelassene Freude?

Dann überprüfen Sie einmal, ob Sie schon an der typisch deutschen Ernsthaftigkeits-Krankheit leiden. Gleichgültig, wo auf der Welt Sie Urlaub machen – ob in Nordschweden oder in Süditalien, ob am Mittelmeer, in der Karibik oder in Kalifornien – die Chancen stehen gut, dass Ihnen Fröhlichkeit, Leichtherzigkeit und ausgelassene Freude in Dosierungen entgegenschlagen, an die wir Deutsche uns erst gewöhnen müssen. Deshalb gilt auch hier zu Hause: Denken Sie ab und zu einmal an die berühmte „LMAA-Formel“: „Lächle mehr als andere!“

Lachen zum Tagesstart: Neurobiologen haben herausgefunden, dass ein künstliches Grinsen unsere Gesichtsmuskulatur genauso aktiviert wie ein natürliches Lachen und unser Gehirn durch entsprechende Feedbackschleifen deswegen genauso viele Endorphine und andere Stimmungshormone freisetzt. Verordnen Sie sich deshalb morgens als Erstes nach dem Aufstehen (neben einem ausgiebigen Kuss mit Ihrem Partner!) ein dreiminütiges Lachen vor dem Spiegel. Probieren Sie es nur zehn Tage lang und entscheiden dann, ob Sie den neuen Tagesstart beibehalten wollen.

9. Das Prinzip Verantwortung

Kennen Sie die Entschuldigungen kleiner Kinder?

- Es war nicht mein Fehler.
- Die anderen haben gesagt, ich soll es tun.
- Ich hab's vergessen.

Kennen Sie die bevorzugten Entschuldigungen „kleiner" Erwachsener?

- Es war nicht mein Job.
- Keiner hat's mir erklärt.
- Die anderen machen's genauso.

Unser psychisches Erwachsen-Werden beginnt an dem Tag, an dem wir die Verantwortung für uns und unser Handeln zu 100 Prozent übernehmen.

- Es gibt keinen Chef, der uns ausnutzt, sondern nur noch einen Mitarbeiter, der das zulässt.
- Es gibt kein Kantinenessen, das uns dick macht, sondern nur uns, die wir zu viel von diesem Mist essen.
- Es gibt kein „Leider habe ich keine Zeit!", sondern nur ein „Ich nehme mir dafür keine Zeit".

Unser Erfolg beginnt an dem Tag, an dem wir wach werden und uns zu unserer Verantwortung bekennen.

Wo wir anderen Menschen die Schuld dafür geben, dass in unserem Leben irgendetwas nicht so funktioniert, wie wir es gerne hätten, da geben wir ihnen Macht über uns. Und wer seine Macht abgibt, wird ohnmächtig und zum Opfer der Umstände.

Stellen Sie deshalb die **Macht-Frage:** Wo machen Sie andere dafür verantwortlich, dass Ihr Leben nicht optimal verläuft und mit welcher Umformulierung des Problems gewinnen Sie wieder Einfluss? Beispiel: „Mein Chef nutzt mich aus" wird zu „Was tue ich, damit er mich ausnutzen kann und wie kann ich dies in Zukunft zu unterbinden?"

10. Planung ist der Schlüssel

„Freund, bedenke zuerst, was es ist, das du tun willst", lautet der Rat des römischen Philosophen Epiktet. Wie schaut es in diesem Punkt mit Ihnen aus?

Haben Sie schriftliche Pläne, die Ihnen Schritt für Schritt zeigen, was Sie beruflich, privat, gesundheitlich und finanziell tun müssen, um Ihre Ziele zu erreichen?

Oder gehören Sie zu der Gruppe derer, die zum Planen keine Zeit haben, weil sie viel zu beschäftigt sind? Vielleicht sind Sie sogar stolz darauf, Ihr Leben weniger zu planen als einen 14-tägigen Urlaub.

Wenn Lebensplanung bisher nicht Ihr Thema war, dann denken Sie daran: Sogar der Specht verdankt seinen Erfolg der Tatsache, dass er seinen Kopf benutzt.

Die meisten Menschen sind gerne bereit zuzugeben, dass ihr Unternehmen schnell pleite wäre, wenn sie beruflich genauso planen würden wie privat (nämlich nahezu überhaupt nicht). Es ist deshalb kein Wunder, dass internationale Studien in westlichen Industrienationen zu dem Ergebnis kommen, dass nur 4 Prozent aller Erwachsenen ihre privaten Ziele planen – interessanterweise diejenigen, die im Durchschnitt das Dreifache ihrer nichtplanenden Kollegen verdienen. Wenn Sie es noch nicht getan haben, dann starten Sie noch heute mit Ihrer **persönlichen Zielplanung.**

11. Carpe diem – ergreife den Tag

Kennen Sie das archimedische Prinzip? Archimedes ist der Mann, von dem der berühmte Satz stammt: „Gebt mir einen festen Punkt und ich werde die Welt aus den Angeln heben!"

Was Archimedes mit dieser Illustration des Hebelprinzips gemeint hat, ist klar: Wenn ich auf der einen Seite eines Hebels das Gewicht der ganzen Welt habe, dann einen Ansatzpunkt sowie einen Hebelarm, der lang genug ist, dann kann ein einzelner Mann mit seinem Körpergewicht die Welt aus den Angeln heben.

Kennen Sie das archimedische Prinzip, Ihre Welt aus den Angeln zu heben? Den Punkt, an dem Sie ansetzen können, sich eine neue Welt zu schaffen? Das archimedische Erfolgsprinzip auf unser Leben übertragen heißt: HEUTE! Heute ist der einzige Tag, an dem wir unsere Welt aus den Angeln heben können.

Es ist unglaublich, was manche Menschen morgen vorhaben und es ist genauso unfassbar, was mache gestern so alles geschafft haben. Der **einzige Tag** allerdings, an dem wir unser Leben wirklich voranbringen können, heißt HEUTE. Leben Sie deswegen in zeitdichten Tagesfächern. Sperren Sie die Zukunft gedanklich genauso weg wie den Frust von gestern und Sie werden das Geheimnis aller tatkräftigen Menschen erkennen: Es ist unglaublich, was man alles schafft, wenn man nichts anderes tut.

12. Werde, der du werden kannst!

Stellen Sie sich vor, Sie müssten sich heute für einen Menschen entscheiden und dieser Mensch würde für den Rest Ihres Lebens nicht mehr von Ihrer Seite weichen.

Er wäre morgens beim Aufstehen schon da, abends beim Zubettgehen noch da, und anders als Ihr Ehepartner, Ihre Freunde oder Ihre Kinder – von denen Sie sich bei aller Liebe ab und an durch Abwesenheit erholen können – dieser Mensch würde Sie ununterbrochen begleiten.

Würden Sie nicht Wert darauf legen, den charakterlich besten Menschen für diese Aufgabe zu verpflichten; jemandem, der genügend Energie und Tatendrang hat, um Sie bestmöglich zu unterstützen? Jemandem, der eine konstruktive Grundeinstellung hat, der Sie inspiriert und mitreißt, wenn Sie es brauchen? Jemandem, der Ihnen zu 100 Prozent vertraut, der daran glaubt, dass Sie es schaffen?

Übrigens: Diesen Menschen, von dessen Gesellschaft wir uns zeitlebens nicht befreien können, gibt es: Uns selbst! Die Frage ist nur, ob wir auch den eben beschriebenen Ansprüchen an uns selbst gerecht werden.

Der größte Freund, den wir im Leben haben, sind wir selbst. Der größte Feind, den wir im Leben haben und derjenige, der uns zeitlebens am meisten im Wege stehen wird, sind ebenfalls wir selbst. Konfuzius hat gesagt: „Wer andere besiegt, ist stark. Wer sich selbst besiegt, ist weise."

Die meisten Menschen investieren viel Energie, andere zu ändern und zu überzeugen. An dem Tag, an dem wir beginnen, diese Energie zu investieren, um uns selbst zu ändern, beginnt unser Erfolg.

Welcher Einzelfaktor, den ich in meinem Verhalten ändern kann, wird sich auf meine Zukunft am stärksten positiv auswirken?

13. Eine Persönlichkeit wird man nur durch die Aufgabe, der man sich stellt

„Niemand verliert den Respekt vor sich selbst, wenn er an einer wichtigen Aufgabe arbeitet und dabei Gutes leistet" – diese Einsicht verdanken wir George Bernhard Shaw.

Könnte es sein, dass er Recht hat? Könnte es sein, dass wir zur Persönlichkeit nur reifen durch die Aufgaben, denen wir uns stellen? Und könnte es sein, dass unsere Zufriedenheit mit uns selbst zum großen Teil davon abhängt, dass wir die Gelegenheit haben, uns selbst lustvoll bei der Realisierung unserer Talente und Fähigkeiten zu erleben?

Ja! – Und damit kennen Sie und ich das Geheimnis des Glücks:

1. Eine Aufgabe, die uns fordert und an der wir wachsen können und
2. die Realisierung unseres Wissens und Könnens in dieser Aufgabe.

„Wem Gott ein Amt gibt, dem gibt er auch Verstand", sagt der Volksmund, weshalb unzufriedene Mitarbeiter über unfähige Chefs kalauern: „Wenn Gott dem X so ein Amt gibt, dann muss er den Verstand verloren haben."

Wachsen wir wirklich automatisch mit unseren Aufgaben? Wer eine Aufgabe innerlich nicht annimmt, sich ihr nicht stellt, sie nicht meistern und in ihr nichts Vortreffliches leisten will, der wächst nicht mit ihr. Dies ist die eine wichtige Erkenntnis.

Die andere ist, dass wir ohne Aufgaben überhaupt nicht wachsen: Wer alle Verhandlungsseminare dieser Welt besucht, aber nie in der Praxis zu verhandeln braucht, dem fehlen die Erfahrung und das Selbstvertrauen desjenigen, der als Generalbevollmächtigter seines Unternehmens täglich Interessengegensätze zu überwinden hat.

Fragen Sie sich also:

1. Fehlt mir eine Aufgabe, an der ich wachsen kann, oder beschränke ich mich bislang nur auf Retortenübungen?
2. Stelle ich mich meinen Aufgaben innerlich in der Weise, dass ich sie wirklich meistern will?

Ihre Notizen:

14. Der Preis-Test

„Erfolg ist ein gerechter Arbeitgeber. Er bevorzugt und benachteiligt niemanden, sondern ist offen für jeden, der bereit ist, den Preis zu bezahlen", sagt ein englisches Sprichwort.

Eine Dame der Gesellschaft kam eines Tages nach einem Konzert von Arthur Rubinstein zu dem weltberühmten Pianisten und sagte zu ihm voller Bewunderung: „Ich würde mein Leben dafür geben, wenn ich so Klavier spielen könnte wie Sie!" Rubinstein antwortete: „Ich habe es getan."

Wollen Sie die Ihnen wichtigen Ziele wirklich erreichen und sind von daher auch bereit, Ihr Leben dafür zu geben und den Preis zu bezahlen? – Oder haben Sie eher laue Wünsche nach dem Motto: Es wäre ganz schön, wenn sich mein Traum verwirklichen ließe und ich mich nicht zu ändern oder anzustrengen bräuchte.

Viele Menschen verwechseln unverbindliche Absichtserklärungen und luftige Tagträume mit klaren Zielen, die nur mit harter Arbeit zu erreichen sind und wundem sich, warum sie im Leben nicht vorankommen.

Denken Sie daran: Der Erfolg kommt zu jedem – vorausgesetzt, wir zahlen den Preis dafür.

Die **Preis-Übung:** Machen Sie eine Liste all Ihrer Wünsche – all der Dinge, die Sie gerne in Ihrem Leben hätten. Fragen Sie sich dann, für welche dieser Ziele

Sie wirklich bereit sind, einen hohen Preis zu bezahlen und Ihr ganzes Leben – Ihre Zeit, Ihre Energie und Ihr Geld – zu investieren, um sie zu erreichen. Streichen Sie alle anderen Wünsche von Ihrer Liste.

Meine Wünsche und der Preis, den ich dafür zu zahlen bereit bin:

15. Das Geheimnis der Problemlöser

Kennen Sie das Geheimnis professioneller Problemlöser?

Sie gehen bei der Bewältigung von Herausforderungen 180 Grad andersherum vor als der Rest der Welt. Während Otto Normalverbraucher 90 Prozent seiner Zeit damit zubringt, das Problem zu analysieren und nur 10 Prozent seiner Zeit und Energie in die Lösung investiert, macht es der Profi genau andersherum.

Die Formel zur erfolgreichen Problemlösung heißt: 10 Prozent Problemanalyse und 90 Prozent Lösungswegfindung.

Wo könnten Sie gedanklich und praktisch den Schritt vom Problem zur Lösung tun?

Selbstanalyse Ihrer Problemlösungsfähigkeiten: Machen Sie eine Liste aller Probleme und Herausforderungen, an denen Sie arbeiten. Notieren Sie dahinter, wie viel Zeit Sie bislang über das Problem nachgedacht und geredet haben und wie viel Zeit Sie bislang in seine Lösung investiert haben. Machen Sie anschließend für jedes Problem einen Aktionsplan, bei dem 90 Prozent Ihrer Zeit und Energie in die Lösung und Umsetzung investiert werden.

Mein aktuellen Probleme:

16. Die Kunst der Entscheidung

Kennen Sie Menschen, die Sie im Restaurant als Erstes fragen, „Was nimmst du denn heute?“ und dann sagen „Ah ja, das nehm’ ich auch!“ – also Menschen, die sich schon schwer tun zu entscheiden, was sie essen wollen?

Auf den Punkt zu kommen und sich zu entscheiden, ist für uns alle nicht immer einfach. Doch es wird deutlich leichter, wenn wir uns den Prozess des Entscheidens näher anschauen: Denken Sie z. B. an jemand, der schon wirklich 91 Mal versucht hat, sich das Rauchen abzugewöhnen und jetzt beim 92. Mal „ernst“ macht und Nichtraucher wird. Was macht den Unterschied zu den vorigen Versuchen aus?

Das Wort Entscheidung – englisch decision – stammt vom lateinischen de-caedere, das ab-schneiden bedeutet. Psychologen sagen deshalb: Wir haben uns erst dann für etwas entschieden, wenn wir gedanklich alle Alternativen abgeschnitten haben.

Wo sind Sie in Ihrem Leben hin- oder hergerissen zwischen „eigentlich sollte ich“ und „andererseits finde ich aber“? Entscheiden Sie sich! Denken Sie daran: Neuer Erfolg erfordert neue Taten. Und mit denen starten wir erst, nachdem wir uns im Kopf gedanklich vom Gerümpel unproduktiver Alternativen getrennt haben.

Entscheidungs-Übung: Wann immer Sie sich nicht entscheiden können, notieren Sie alle Alternativen, die Ihnen offen stehen. Fragen Sie sich, welche Sie wählen wollen. Hören Sie auf Ihr Herz, um zu spüren, woran Sie außerdem noch gefühlsmäßig gebunden sind. Akzeptieren Sie Ihre gefühlsmäßige Gebundenheit und gestehen Sie sich ein, dass Sie noch nicht entscheidungsbereit sind. Dieses Bewusstsein unserer Entscheidungsunfähigkeit beschleunigt den Prozess, sich emotional von den nicht gewählten Alternativen zu verabschieden und sie gedanklich „abzuschneiden".

17. Das Geheimnis neuer Gefühle

Fühlen Sie sich wohl? Oder anders gefragt:

Würden Sie sich manchmal gerne anders fühlen? Als Verkäufer z. B. positive Gefühle für Kaltakquisitionen haben, als Pantoffelheld sich gerne nach Bewegung sehnen oder als schüchterner Mensch lernen, gerne auf andere zuzugehen?

Alles machbar! Denn unser Kopf lernt nach der Formel: Dauer x Häufigkeit x Intensität der Gefühle.

Der Trick für schnelles Lernen sind die intensiven Gefühle: Wer einmal im brennenden Aufzug gesteckt hat und seither um alle Fahrstühle einen Bogen macht, der weiß, dass unser Gehirn unter solchen „günstigen Lernbedingungen" nur eine einzige Wiederholung benötigt, um ein dauerhaft anderes Verhalten zu erlernen.

Wenn Sie also Ihr Verhalten erfolgreich ändern wollen, brauchen Sie nur mit dem bisherigen Verhalten nachdrückliche Schmerz-Filme zu verbinden und mit dem neuen Verhalten eindrückliche Positiv-Assoziationen zu kombinieren.

Mit dieser Art von „mentalem Training" übernehmen Sportler nach Niederlagen genauso wieder die Kontrolle in ihrem Kopf wie Sie und ich, wenn wir vom Schicksal mal wieder was auf die Jacke gekriegt haben.

Mentales Training zur Umprogrammierung von Gefühlen: Machen Sie eine Liste all der Situationen und Tätigkeiten, mit denen Sie gerne andere Gefühle verbinden würden (z.B. regelmäßig gerne Sport machen). Stellen Sie sich im Zustand der Entspannung die Situation wieder vor und malen Sie sich in einem Horrorfilm aus, was über Jahre und Jahrzehnte passiert, wenn Sie Ihr Ziel nicht erreichen (Sie sehen sich z.B. als vier Zentner schweren Fettkloß auf Ihrem Rennrad). Verstärken Sie die Vorstellung so lange, bis Sie körperliche Symptome des Unwohlseins (z.B. Gänsehaut, Magendrücken usw.) verspüren. Anschließend visualisieren Sie in leuchtenden Farben einen Positivfilm, in dem Sie sich genauso verhalten, wie es Ihrem Ziel entspricht (Beispiel: Sie radeln mit sportgestähltem Körper an Lance Amstrong vorbei die Passstraße hinauf, während die schönsten „Boxenluder“ fasziniert hinter Ihnen herstarren.).

Denken Sie daran: Je intensiver Ihre Gefühle in beiden Filmen, umso besser und: Unser Gehirn lernt durch den direkten Kontrast am schnellsten dazu.

18. Urlaub im Kopf

Sind Sie interessiert an einem Rezept, wie Sie sich von einem Moment zum anderen supergut fühlen können? Am besten jetzt sofort?

Bitteschön: Denken Sie einmal an eine Situation, in der Ihnen die ganze Welt zu Füßen lag: Ein Superexamen, das erste Rendezvous mit dem Mann oder der Frau Ihres Lebens, die Geburt Ihres ersten Kindes. Sehen Sie die Situation in allen Einzelheiten vor Ihrem inneren Auge! Vergegenwärtigen Sie sich die Geräuschkulisse, die Sie umgeben hat. Achten Sie darauf, wie Ihr Puls voller Freude und Vorfreude sich beschleunigt hat. Atmen Sie so, wie Sie damals geatmet haben! Machen Sie dasselbe glückliche Gesicht und bewegen Sie Ihren Körper so, wie Sie ihn damals bewegt haben.

Spüren Sie, wie sich die Begeisterung dieser Superstunde wieder in Ihnen aufbaut? Auf diese Weise können Sie sich an dieses Supergefühl aufs Kommando immer wieder erinnern – wann immer Sie Lust dazu haben.

Gönnen Sie sich ab und zu einmal ein solches Emotions-Schaumbad. Sie sind der Boss in Ihrem Kopf – warum sollten Sie es sich nicht öfter einmal gut gehen lassen?

Manche Menschen machen nur negatives mentales Training: Wenn die 16-jährige Tochter abends einmal eine halbe Stunde verspätet ist, lassen sie in ihrem Kopf alle möglichen Horrorgeschichten von Autounfällen mit Schwerverletzten bis hin zu Vergewaltigungsszenen ablaufen. Möglicherweise machen sie sich so viel Stress, dass sie in sogar in wenigen Minuten Durchfall bekommen. Im Seminar behaupten sie allerdings steif und fest, sie könnten sich überhaupt keine inneren Bilder machen.

Fragen Sie sich deshalb:

1. Wo mache ich mir gewohnheitsmäßig intensive innere Bilder?
2. Welche dieser Szenen sind positiv, welche negativ?
3. Welche Negativ-Szenarien möchte ich als Boss in meinem Kopf abstellen und welche Positiv-Filme will ich unbedingt verstärken?

19. Stimmungsmanagement by Bodymanagement

Angenommen, Sie wären eingeladen zum Fernseh-Quiz „Wer wird Millionär“ und würden für die richtige Beantwortung der folgenden Fragen 100.000,– Euro bekommen. Der Quizmaster sagt zu Ihnen: „Draußen vor der Tür des Fernsehstudios sitzt ein sehr depressiver Mensch. Bitte sagen Sie uns, wie die Körperhaltung dieses Menschen ist: Wo schaut der Mann hin? Geradeaus oder auf den Boden? Wie hält er seinen Kopf? Aufrecht oder nach vorn geneigt? Wo sind seine Schultern? Nach hinten oder nach vorn geneigt? Wie ist seine Atmung? Tief oder flach? Wohin zeigen seine Mundwinkel? Nach oben oder nach unten?“

Vielleicht könnten Sie alle Fragen richtig beantworten und die 100.000,– Euro kassieren, weil Ihnen diese Negativhaltung so merkwürdig bekannt ist?

Wer die oben beschriebene Haltung einnimmt, wird schnell anfangen, sich wie ein Häuflein Elend zu fühlen. Militärs wissen deshalb seit Jahrtausenden, warum sie bei ihren Soldaten „Brust raus, Bauch rein“ drillen, um in ihnen ein Gefühl der Kraft und Stärke aufzubauen, auch wenn dazu objektiv gar kein Anlass besteht.

Der schnellste Weg, unsere Stimmung zu kontrollieren, besteht darin „Haltung“ anzunehmen. Bewegen Sie sich nur zwei Minuten dynamisch, sprechen Sie engagiert und enthusiastisch, und Sie können gar nicht verhindern, dass Sie durch die Feedbackschleifen unseres Nervensystems auch im Kopf den Hebel umlegen und anfangen, Motivation aufzubauen.

Die **Biomarker-Übung:** Jeder Mensch hat ganz eigene körpersprachliche Gewohnheiten, mit denen er seine Begeisterung ausdrückt. Bei manchen wird die Gestik energischer, andere entwickeln eine lebendigere Mimik oder sprechen lauter und dynamischer – und von Boris Becker kennen wir alle die berühmte Becker-Faust, wenn er sich besonders freut. Berichten Sie deshalb einmal einem Freund engagiert von einem Ihrer Lieblingshobbys und bitten Sie ihn, Ihre Körpersprache exakt zu beobachten. Anschließend erzählen Sie ihm von einer Tätigkeit, die Sie wenig interessiert. Durch diesen Kontrast werden Ihre persönlichen Biomarker, mit denen Sie Ihre Begeisterung ausdrücken, sehr deutlich. Setzen Sie sie bewusst ein, wenn Sie sich selbst aktivieren wollen!

20. Falschen Denkgewohnheiten auf der Spur

Handeln Sie ab und an wider besseres Wissen? Feiern Sie manchmal durch bis morgens um 4 Uhr, obwohl Ihr Gewissen Ihnen signalisiert hat, dass Sie schon längst im Bett sein sollten, weil Sie ein harter Arbeitstag erwartet?

Seminarteilnehmer fragen mich deshalb manchmal etwas resigniert, ob wir denn kein bisschen vernünftiger seien als der Pawlowsche Hund, der nur nach seinen Reflexen handelt: Weg von der Pein, hin zum Spaß.

Der entscheidende Vorteil, den Sie und ich und wir alle gegenüber anderen Gattungen haben, ist, dass wir entscheiden können, womit wir Pein und Vergnügen verbinden.

Wer in den Hungerstreik tritt, stellt seinen Hunger in den Dienst einer größeren Sache; der Polizeibeamte, der einem Kind zu Hilfe kommt, das beim Schlittschuhlaufen ins Eis eingebrochen ist, überwindet seine große Angst mit noch größerem Verantwortungsbewusstsein.

☞ Überprüfen Sie deshalb einmal Ihre Denkgewohnheiten und stellen Sie fest, wo Sie noch Optimierungsbedarf haben: Wo verbinden Sie zu wenig Pein mit den falschen Dingen (z. B. zu wenig Pein bei stundenlangem Fernsehen) und wo fehlt Ihnen noch die geeignete Pein-/Positiv-Mischung bei den richtigen Dingen (z. B. Joggen, Lernen oder Hilfsbereitschaft)?

21. Der Barriere-Überwinder

Eine der berühmtesten Rekordmarken in der Leichtathletik ist die 4-Minuten-Meile. Seit Beginn dieses Jahrhunderts haben sich Athleten an dieser Schallmauer vergeblich versucht, und es gab sogar Veröffentlichungen in der medizinischen Fachliteratur, die versucht haben, die Unmöglichkeit eines solchen Rekordes wissenschaftlich zu untermauern.

Bis zu dem Tag im Jahre 1954, als Roger Bannister die Meile in 3:59,6 gelaufen ist und diese eingebildete Grenze nachdrücklich erschüttert hat – seither haben es ihm weltweit über 1.000 Athleten gleichgetan.

Was war Bannisters Geheimnis? Wie hat er es geschafft, die von allen akzeptierte Grenze einzureißen und der Leichtathletik eine neue Messlatte zu geben? Bannisters Antwort: Ich habe mir über ein Jahr lang jeden Tag vorgestellt, dass ich die Schallmauer durchbreche, bis ich mir so sicher war, dass mein Körper nur noch umzusetzen brauchte, was mein Kopf schon akzeptiert hatte.

Welche Barriere könnten Sie durchbrechen? Was erscheint Ihnen heute unmöglich, was Sie morgen möglich machen können – wenn Sie sich nur wie Roger Bannister gedanklich so intensiv mit dieser Herausforderung beschäftigen, dass auch Sie wissen: Ich werd' es sicher schaffen!

Der **Barriere-Überwinder:** Welche Grenzen halten Sie in Ihrem Leben für unüberwindlich? Finden Sie mindestens eine Denkgrenze, deren Durchbrechen für Ihre Persönlichkeitsentwicklung sehr förderlich wäre. Visualisieren Sie das Überwinden dieser Grenze wie Roger Bannister so lange, bis Sie sie auch in der Realität „knacken“.

22. Warum leichte Selbstüberschätzung der beste Weg zu persönlichen Höchstleistungen ist

Hätten Sie gewusst, dass Pessimisten Schwierigkeiten und Probleme oft realistischer einschätzen als Optimisten?

Ein Pessimist, der Skifahren lernt, weiß nach einer Woche Training: „Ich bin heute 17 Mal hingefallen, habe meinen Oberschenkel gezerrt und kann immer noch nicht richtig bremsen. Ich sollte besser aufhören, bevor ich mir die Knochen breche, denn ich habe eh kein Bewegungstalent."

Ein Optimist liegt genauso oft im Schnee, doch er sagt sich: „Mensch, die ersten 80 Meter bin ich heute Mittag schon Schuss gefahren und habe mich dabei mindestens so in die Kurve gelegt wie Tomba. Ich bin wohl ein Riesentalent."

Und angetrieben durch diese – nüchtern betrachtet unrealistische – Selbsteinschätzung bleibt er dabei und beginnt, ernsthaft zu trainieren – um schließlich am Ende das Problem erfolgreich zu meistern.

Also: Wenn wir unsere Problemlösungs-Kompetenz einschätzen, dann ist es besser, uns ein wenig zu überschätzen. Bei welchem Problem könnten Sie sich in einem optimistischeren Licht sehen, um noch mehr Lösungsenergie freizusetzen?

Dosierte Selbstüberschätzung: In welchen Bereichen stehen Sie erst am Anfang Ihrer Entwicklung, so dass eine wohlwollende und großzügige Einschätzung Ihres Potenzials Ihnen helfen kann, Ihr Durchhaltevermögen zu steigern?

23. Neue Fragen sind der Schlüssel zu neuen Antworten

Angenommen Sie würden im Rahmen einer Meinungsumfrage vor laufenden Kameras gefragt:

Was ist der Hauptunterschied zwischen Erfolgreichen und denen, die es nicht sind? Was würden Sie antworten?

Ein Unterschied besteht sicher darin, dass Erfolgreiche bessere Entscheidungen treffen. Bessere Entscheidungen sind regelmäßig das Ergebnis besserer Antworten auf die anstehenden Herausforderungen. Und bessere Antworten sind regelmäßig das Ergebnis besserer Fragen.

Als die Autobranche noch in den Kinderschuhen steckte, haben viele damit geliebäugelt, Automobil-Unternehmer zu werden. Doch nur Henry Ford hat sich gefragt: Wie kann ich ein Verfahren zur Massenproduktion entwickeln, das breiteren Käuferschichten den Besitz eines Autos ermöglicht?

Und während Millionen in Osteuropa die kommunistischen Herrscher verflucht haben, gab es einen Lech Walesa, der sich gefragt hat: Wie kann ich dafür sorgen, den Lebensstandard für alle Polen zu verbessern?

Die **Pioniergeist-Übung:** Halten wir uns den Pioniergeist eines Henry Ford und Lech Walesa vor Augen: Welche innovativen Fragen könnten Sie und ich uns stellen, um unserem Leben beruflich wie privat eine neue und interessante Perspektiven zu geben? Das, was wir bisher erreicht haben, ist das Ergebnis dessen, was wir bislang gedacht und getan haben. Welche Fragen müssen wir uns stellen und welche Antworten müssten wir uns geben, damit wir heute die Ursachen für unseren Erfolg von morgen setzen?

Beispiel: Wenn wir morgen doppelt so viel Geld verdienen wollen wie heute, dann müssen wir unseren Mitmenschen doppelt so viel Nutzen bieten wie bisher. Unsere Frage könnte also lauten: Wie verdoppele ich meine Effizienz? Wie erreiche ich doppelt so viele Kunden wie bisher? usw.

24. Die Frustfalle überwinden

Waren Sie jemals in der Zwickmühle, dass Sie glaubten, nur die Wahl zwischen zwei negativen Alternativen zu haben?

Ihre Berufsausbildung langweilte Sie beispielsweise und alleine bei der Vorstellung, sie bis zum bitteren Ende durchziehen zu müssen, wurde Ihnen schon speiübel. Aber einfach diesen ganzen Kram hinzuschmeißen und Ihre Eltern zu enttäuschen, die sich nichts mehr wünschten, als dass Sie nur endlich Erfolg hätten, war für Sie genauso schlimm?

Viele Menschen, die vor der Alternative zweier Übel stehen, sind gelähmt wie das Kaninchen vor der Schlange und tun deshalb nichts – nur um sich anschließend noch schlechter zu fühlen.

Das Rezept, nicht zum Gefangenen solcher Situationen zu werden, besteht darin, unseren Frust zum stärksten Verbündeten zu machen: Denken Sie in solchen Situationen intensiv darüber nach, wie viel Stress und Bauchschmerzen Ihnen Ihr Problem in der Vergangenheit schon bereitet hat und bringen Sie so das berühmte Fass zum Überlaufen. Psychologen wissen, dass wir uns durch die bewusste Überschreitung unseres „Frustgrenzwertes“ aus der Untätigkeit lösen und unseren Schmerz zum Anstoßen des Veränderungsprozesses nutzen können.

Übung: Die Frustfalle überwinden. Vermutlich kennen Sie das berühmte Beispiel aus der Biologie: Wenn ein Frosch im warmen Wasser schwimmt und die Wassertemperatur langsam erhöht wird, bleibt er in diesem Wasser, selbst wenn ihn das irgendwann das Leben kostet. Würde man ihn dagegen in kochendes Wasser werfen, würde er aufgrund des Schocks alle Kräfte mobilisieren und sofort aus dem Wasser springen.

Viele von uns gleichen dem Frosch, weil wir uns viele Jahre z. B. an den Frust eines langweiligen Berufes gewöhnt haben und nichts tun, auch wenn wir dabei langfristig zugrunde gehen.

Anders als der Frosch können wir aber unsere Frusterlebnisse verdichten und dadurch die „Emotionstemperatur" so zum Kochen bringen, dass wir das kochende Wasser erleben und den Sprung zu etwas Neuem wagen.

Fragen Sie sich also: Akzeptiere ich in meinem Leben irgendwo großen Frust, an den ich mich gewöhnt habe? Malen Sie sich ihn in Ihrer Vorstellung aus und nutzen Sie diesen als Motivation für einen neuen Start.

25. Die Hindernisse von heute als Bausteine zum Erfolg von morgen nutzen

In unserem Leben haben nur die Dinge Bedeutung, die wir selbst für wichtig halten. Eine unserer vielleicht größten Fähigkeiten besteht darin, dass wir jedem Ereignis in unserem Leben einen aufbauenden oder aber zerstörerischen Charakter geben können.

„Weil unsere Partnerschaft zerbrochen ist, werde ich niemals mehr einem Menschen voll vertrauen können“, sagen die einen. „Weil ich so unfair behandelt worden bin, weiß ich, wie weh das tut und bin deshalb sensibler geworden für die Bedürfnisse anderer,“ sagen die anderen. Gleichgültig was passiert, jeder von uns hat die Fähigkeit, den Ereignissen in seinem Leben eine Bedeutung zu geben, die uns aufbaut.

Die Vergangenheit konstruktiv bewerten: Sobald wir in den Steinen, die man uns in den Weg gelegt hat, die Trainingsbausteine zu neuen Erfahrungen entdekken, sind wir schon auf dem Weg zu neuem Erfolg. Bewerten Sie also Ihre Vergangenheit neu! Fragen Sie sich: In welchem konstruktivem Licht kann ich diese Vergangenheit sehen? Wenn Ihre Partnerschaft zerbrochen ist: Hat es Sie stärker gemacht, mehr auf sich gestellt zu sein? Sind Sie sensibler geworden, bereit, eine neue Bindung einzugehen? Wo ist der Vorteil im scheinbaren Nachteil?

26. „Die Macht der Gewohnheit"

Dass Gewohnheiten erstaunlich viel Einfluss auf uns haben, ist Ihnen und mir schon in den unterschiedlichsten Situationen aufgefallen: Da sind wir beispielsweise auf dem Weg zur Arbeit auf einer Strecke, die wir im Schlaf kennen. Eines Morgens wollen wir einen kleinen Umweg zu Briefkasten nehmen und – ehe wir uns versehen – sind wir im Trott doch wieder die alte Strecke gefahren!

Bitte überlegen Sie deshalb einmal: Wenn Sie sich drei gute Gewohnheiten wünschen dürften – drei Verhaltensweisen, mit denen Ihr Autopilot Sie genauso souverän und elegant führt wie morgens auf dem Weg zur Arbeit – für welche Gewohnheiten würden Sie sich entscheiden? Frühes Aufstehen? Souveräne Gelassenheit in Stresssituation? Zweimal wöchentlich schwimmen gehen? Entscheiden Sie sich für eine Gewohnheit, mit der Sie heute starten!

Nach den Erkenntnissen des Gehirnforschers Paul McLean werden unsere Gewohnheiten im Stammhirn abgespeichert. Was für unsere linke Hemisphäre Gedanken und für unsere rechte Gehirnhälfte Bilder sind, das sind für unser Stammhirn die Verhaltensmuster, die wir zu bestimmten Kontexten gespeichert haben, damit wir in Zukunft im gleichen Kontext unsere gemachten Erfahrungen nutzen können. Wenn unser Gehirn also ein Computer ist, der automatisch Gewohnheiten produziert, dann sollten wir dafür sorgen, dass unsere Gewohnheiten uns aufbauen.

27. Unterlassungssünden auf dem Weg zur Hölle

Kennen Sie die Geschichte von dem Mann, der ohne jede Vorwarnung einen Herzinfarkt bekam? Und die Story von der Frau, die von ihrem Mann von jetzt auf gleich verlassen worden ist?

Die Frage ist: Sind die meisten dieser Schicksalsschläge tatsächlich so überraschend, wie uns die Betroffenen glauben machen wollen?

Traf der Herzinfarkt den jungen, gesunden Marathonläufer oder den übergewichtigen Manager, dessen Arzt ihm schon seit Jahren geraten hatte, das Rauchen aufzugeben und sich vernünftiger zu ernähren?

Ist das Paar, das sich heute getrennt hat, tatsächlich bis gestern ein Herz und eine Seele gewesen oder haben sich die beiden doch in den letzten Jahren immer stärker auseinander gelebt?

Wenn wir vom Rauschen der Strömung geweckt werden und feststellen, dass sich unser Boot fünf Meter oberhalb des Rheinfalls von Schaffhausen befindet, dann ist es zu spät.

Dann müssen wir – beruflich, finanziell oder familiär – durch diese Situation durch. Doch die meisten Abstürze, die wir Schicksalsschläge nennen, lassen sich fünf Kilometer stromaufwärts mühelos vermeiden. Die Frage ist: Welche negativen Unterlassungsgewohnheiten müssten Sie und ich aufgeben, um Schicksalsschlägen vorzubeugen?

Bei der Niagarafall-Übung in Kapitel 6 haben wir uns gefragt, in welche Richtung wir unser Schicksal mit der Vielzahl unserer kleinen positiven und negativen Taten beinflussen. Genauso wie es positive und negative Handlungsgewohnheiten gibt, beeinflussen wir unser Leben auch durch regelmäßige positive oder negative Unterlassungen. Wer es ständig an kleinen Gesten der Aufmerksamkeit und Anerkennung fehlen lässt, der ruiniert auf Dauer seine Partnerschaft genauso sicher wie der, der aktiv seinen Partner mit Wutanfällen überzieht. Während schädliche Aktivitäten leicht zu erkennen sind, entgehen viele kleine Unterlassungen gerne unserer Aufmerksamkeit.

Fragen Sie sich deshalb:

Wo ist mein Leben durch ständige kleine Unterlassungen gekennzeichnet, die auf Dauer sehr bedrohlich werden können?

28. Modelling of Excellence

Es gibt drei Wege des Lernens:

1. Den durch Nachdenken. Das ist der Edelste.
2. Den durch Erfahrung. Das ist der Bitterste.
3. Den durch Nachahmung. Das ist der Leichteste.

Soweit der alte Konfuzius, der mit dieser Erkenntnis schon vor 2.500 Jahren einen Grundstein zum japanischen Wirtschaftswunder gelegt hat. Denn die Japaner sind ohne Zweifel international die Weltmeister des Nachahmens. Sie zeigen uns, dass es keine Schande ist, auf die Schultern seines Vordermannes zu steigen, um weiter schauen zu können.

Wo haben Sie persönlichen Kontakt zu Menschen, die bewundernswerte Fähigkeiten haben und Ungewöhnliches leisten, von denen Sie profitieren könnten? Nutzen Sie das Know-how dieser Experten und fragen Sie um Rat.

Auf diese Weise zu lernen ist nach Erkenntnissen der modernen Lernpsychologie nicht nur der schnellste und leichteste Weg, sondern auch der motivierendste, weil uns persönliche Vorbilder in aller Regel stark inspirieren und begeistern und ihr positiver Einfluss auf uns damit weit über den Know-how-Transfer hinausgeht.

Praktizieren Sie deshalb **Modelling of Excellence:** Fragen Sie sich, was Sie lernen wollen, wer es perfekt beherrscht und – vor allem auch – wen Sie emotional gerne als Vorbild akzeptieren. Als Expertenmodell empfehlen sich neben Menschen, zu denen Sie persönlich in Kontakt treten können, auch Personen der Zeitgeschichte, deren Denken und Handeln wir über Bücher und Veröffentlichungen studieren können. Wer ein Meister der Sprache werden will, kann als Rollenvorbild durchaus Goethe wählen, auch wenn ihm der Altmeister keine persönlichen Tipps mehr geben kann.

29. Professionelles Stimmungsmanagement

Kennen Sie das Geheimnis professionellen Stimmungsmanagements?

Die erste gute Nachricht ist: Sie sind der Boss in Ihrem Kopf und die Einflussfaktoren auf Ihre Stimmung unterliegen zu 100 Prozent Ihrer Kontrolle. Der wichtigste Faktor dabei ist der Gedankeninhalt, mit dem wir uns gerade beschäftigen.

Wer sich zum Frühstück fragt „Bin mal gespannt, was heute wieder schief geht?“ wird sich in der Regel deutlich schlechter fühlen als der, der überlegt: „Mal sehen, wie ich aus diesem Tag das Beste machen kann.“

Ist es nicht interessant, dass sich viele Menschen nur im Urlaub fragen „Wie kann ich heute für möglichst viele Highlights sorgen?“ – obwohl sie die segensreichen Ideen und Antworten, die diese Frage produziert, jeden Tag gebrauchen könnten.

Übrigens: Wenn Sie in der Gegenwart ausnahmsweise einmal nicht so viele Highlights finden, dann nutzen Sie den Trick vieler Lebenskünstler und sorgen Sie für Stimmung mit einem Blick zurück in die goldene Vergangenheit oder schauen Sie sich schon einmal die märchenhaften Chancen von morgen an!

Unsere Stimmung wird zu einem erheblichen Teil beeinflusst durch das, worüber wir gerade nachdenken.

Diesen inneren Dialog können wir uns vorstellen als das permanente Wechselspiel von inneren Fragen und inneren Antworten: Wer morgens vor dem Spiegel feststellt. „Mensch, seh' ich heute wieder eklig aus“, der hat sich zumindest unbewusst gefragt: „Wie sehe ich heute aus?“

Forscher gehen davon aus, dass wir täglich ca. 60.000 Gedanken nachgehen und sich rund 95 Prozent davon durch die immer gleichen gewohnheitsmäßigen Fragen ständig wiederholen.

Legen Sie sich also auf die Lauer: Welche Fragen in Ihrem inneren Dialog wiederholen sich ständig und vermiesen Ihnen die Laune – und was könnten Sie sich statt dessen fragen? Beispielsweise anstelle von: Warum sind meine Kinder die lautesten der Straße? Besser: Wie kann ich ihnen helfen, ihre Energie optimal einzusetzen?

30. Zeitsouveränität

Angenommen, Sie hätten bei einer guten Fee einen Wunsch frei und Sie dürften sich jeden Tag so viel Extrazeit geben lassen wie Sie brauchen, um alle Dinge, die Ihnen wichtig sind, zügig, aber ohne Hektik zu erledigen.

Wie viel Zeit mehr würden Sie sich wünschen? Zwölf Stunden, sechs Stunden oder gar nichts, weil Sie einer der Glücklichen sind, die mit 24 Stunden auch so ganz gut klar kommen?

Ein alter Banker hat mir hierzu einmal folgenden Tipp gegeben: Beim Umgang mit einer begrenzten Menge entscheidet nie die Menge, sondern nur die Fähigkeit, diese Menge einteilen zu können. Wenn einer 2.000,– Euro verdient und am Monatsende 2.200,– Euro ausgegeben hat, dann wird er nach einer Gehaltserhöhung auf 3.000,– Euro nach kurzer Eingewöhnung 3.300,– Euro ausgeben – es sei denn, er bekämpft seinen teuersten Sprachfehler – nämlich seine Unfähigkeit, nein sagen zu können.

Wie steht es mit Ihnen und Ihrem Sprachfehler im Zeitmanagement: Können Sie an der richtigen Stelle „nein" sagen? Machen Sie es in Zukunft anders als die meisten Profi-Hektiker. Überlegen Sie erst, zu welchen alten Aufgaben Sie in Zukunft nein sagen werden, um zu wichtigen neuen Dingen „ja" sagen zu können.

Der Seufzer vieler Menschen „Hätte ich bloß mehr Zeit“ beruht auf einem zentralen Denkfehler: Wer 24 Stunden nicht so einteilen kann, dass er mit ihnen auskommt, der würde mit 30 Stunden am Tag genauso wenig hinkommen – denn an seiner Unfähigkeit, die zusätzlichen sechs Stunden mit ihren neuen Chancen und Hindernissen besser einzuteilen als die ersten 24 Stunden, hätte sich ja nichts geändert. Machen Sie sich also klar: Zeitmanagement bedeutet immer Selbstmanagement im Hinblick auf die Zeit.

Fragen Sie sich also: Was müsste ich tun, um so zeitsouverän zu werden, wie ich es schon immer sein wollte?

31. Dankbarkeit als Schlüssel zum Glück

Stellen Sie sich vor, bei den Olympischen Spielen gäbe es als Weltpremiere die neue Sportart „Emotionaler Zehnkampf". Die erste Disziplin heißt ehrlich empfundene, tiefe Dankbarkeit und Sie vertreten die Deutsche Mannschaft. Der Kampfrichter kommt auf Sie zu, reicht Ihnen das Mikrofon und fragt: Wofür sind Sie in Ihrem Leben wirklich dankbar? Was antworten Sie?

Für meine Gesundheit? Meinen Partner? Meinen Beruf? Mein gutes Aussehen? Mein fröhliches Wesen? Meine Intelligenz? Dafür, dass ich Traumhobbys habe? In einem freien Land wohne? Heute die Sonne scheint? Mir mein Leben jeden Tag Spaß macht?

Die **Dankbarkeits-Übung:** Wenn Sie trainieren wollen, in dieser Disziplin des emotionalen Zehnkampfes gut abzuschneiden, dann machen Sie sich eine Dankbarkeits-Liste: Notieren Sie alles, wofür Sie dankbar sind und sein können, hängen Sie sich diese Liste an einen Ort, wo Sie sie immer wieder sehen. Und jeden Morgen unter der Dusche ist mentales Training angesagt: Machen Sie sich all das bewusst, was Sie haben, und fühlen Sie sich wie König Salomon.

32. Der Weg zu besseren Entscheidungen

Was halten Sie von folgender These? Analytisches Denken ist nichts anderes als das permanente Wechselspiel von Frage und Antwort im inneren Dialog – richtig oder falsch?

Wenn Sie sich beim Denken einmal genauer beobachten, werden Sie in der Tat feststellen, dass die meisten Denkprozesse – vom Überlegen („Warum ist das so?“) über die Ideensuche („Was könnten wir tun?“) bis hin zum Entscheiden („Was werde ich tun?“) – aus einer Abfolge von Fragen und Antworten bestehen.

Von daher gilt: Wenn wir mehr Lebensqualität wollen, müssen wir bessere Entscheidungen treffen. Und bessere Entscheidungen sind das Ergebnis besserer Fragegewohnheiten.

Wer sich immer fragt „Warum hört mir mein Partner nie zu?“, dem kommen weniger brauchbare Ideen als dem, der sich überlegt: Wie gewinne ich sein Interesse?

Auch Goethe bestätigt diese These: „Wenn du eine weise Antwort verlangst, musst du vernünftig fragen.“ Wie könnten Sie die Qualität Ihrer Fragen verbessern, um zu besseren Antworten zu kommen?

Die Geschichte des wissenschaftlichen Fortschritts ist die Geschichte neuer Fragen. Weltweit sind Millionen Äpfel von irgendwelchen Bäumen gefallen, bevor

Isaac Newton die Frage stellte: „Wieso fällt der Apfel eigentlich zu Boden?" – und anschließend aus dieser Beantwortung das Gravitationsgesetz folgerte. Persönlicher Erkenntnisfortschritt basiert in ähnlicher Weise auf neuen Fragen. Entwickeln Sie deshalb einmal für sich persönlich eine Liste mit den wichtigsten Fragen, die Ihnen zu neuen Einsichten verhelfen können.

Die **Übung der 10 Power-Fragen:** Welche Fragen können mir in meinem Leben optimal weiterhelfen? Beispiel: „Was ist das Gute in dem Schlechten, das ich noch gar nicht gesehen habe?" könnte eine Superfrage sein, deren Beantwortung Sie Ihren Frust vergessen lässt ...

Meine 10 Power-Fragen:

33. Negative Gefühle transformieren

Wie viele unproduktive Wege nutzen Sie, um sich mit schlechten Gefühlen herumzuschlagen?

- Weg Nr. 1: Sie können Ihre Gefühle ignorieren. Haben wir alle schon gemacht, funktioniert aber nicht.

- Weg Nr. 2: Sie können Ihre Gefühle unterdrücken und verdrängen. Also, den Ärger über den Chef herunterschlucken und zu Hause am Hund auslassen? Hilft ebenfalls nicht.

- Weg Nr. 3: Sie nehmen ein Duftschaumbad voller Selbstmitleid der Marke „Der schlimmste Tag in meinem Leben." Bringt auch nichts.

- Weg Nr. 4: Sie werden zum Gefühls-Wettkämpfer: Wann immer jemand stöhnt und sagt, wie schlecht es ihm geht, antworten Sie: „Das ist noch gar nichts. Du solltest erst mal wissen, was ich für'n armer Kerl bin."

Transformation der Gefühle: Erheblich wirkungsvoller als diese weit verbreiteten, aber nicht sonderlich cleveren Wege ist es, unsere Gefühle zu transformieren: Negative Gefühle wandeln sich in positive, wenn wir

1. sie zur Kenntnis nehmen und
2. uns überlegen, dass unsere Gefühle ein Kommunikationssignal unseres Körpers sind, mit dem wir uns beschäftigen sollten.

Wir können dann erkennen, dass jede Trauer uns den Verlust signalisiert von etwas, was wir geliebt haben. Es steht uns dann frei, uns entweder an dem zu erfreuen, was wir geliebt haben oder weiter auf den Verlust zu fokussieren. Bei Ärger können wir die Signale interpretieren: „Ich kann derzeit etwas nicht, aber es ist mir wichtig genug, dass ich dafür kämpfe, es doch zu können." Durch diese Art von Beschäftigung mit unseren Gefühlen können wir große Fortschritte in der Selbsterkenntnis machen.

34. Sind wir unseres Glückes Schmied?

Angenommen, ich böte Ihnen eine Wette an: Sie bekommen 100.000,– Euro von mir, wenn Sie es schaffen, Ihr Leben in einer Woche gründlich zu ruinieren.

Würden Sie es in sieben Tagen schaffen, mit Ihrem Partner einen Streit vom Zaun zu brechen, Ihren Kindern das Zuhause zu vermiesen, das Vertrauen Ihres Chefs zu verlieren und Ihrer Gesundheit durch falsche Ernährung Schaden zuzufügen?

Wenn Sie jetzt sagen „Das schaffe ich leicht, denn für 100.000,– Euro kann man schon einmal etwas Porzellan zerschlagen", dann kann ich Sie nur beglückwünschen: Denn wer sein Leben konsequent zum Schlechteren beeinflussen kann, der gibt auf der anderen Seite zu, dass er es mit derselben Konsequenz auch zum Positiven steuern könnte.

Und wer sich dieser Verantwortung stellt, hat den ersten Schritt getan. Wie sagt ein chinesisches Sprichwort: Auch die längste Reise beginnt mit dem ersten Schritt.

Die **Übung der 1.000 kleinen Schritte:** Entgegen dem, was viele Menschen vermuten, ist Erfolg genauso wie Misserfolg selten das Ergebnis weniger großer Entscheidungen, sondern sehr viel öfter die Summe von vielen Hundert kleinen Entscheidungen. Malen Sie sich deshalb einmal aus, mit welchen vielen kleinen Schritten Sie Ihr Leben systematisch negativ beeinflussen können und Sie erkennen automatisch die Stellschrauben, an denen auch die positiven Auswirkungen ansetzen können: Wenn schlechte Ernährung auf lange Sicht Ihre Gesundheit ruiniert, dann spricht viel dafür, dass gesunde Ernährung langfristig Ihrer Gesundheit nutzt...

35. Energieräuber entlarven

Bitte halten Sie einmal einen Moment lang inne und fragen sich: Was bremst mich im Leben am meisten? Viele von uns wissen tief im Innersten sehr genau, welche Energieräuber in uns am Werke sind: Vielleicht eine angespannte Beziehung zu Vorgesetzten oder Kollegen, oder Streit in der Familie. Eine schlechte Gewohnheit wie zu viel Fernsehen oder ein schlechtes Gewissen, wenn wir uns zu wenig Zeit für unsere Kinder nehmen ...

Grundsätzlich lassen sich zwei Energieräuber dingfest machen: Etwas in Ihrer Umwelt – oder etwas in Ihnen. „Gegen“ Ihre Umwelt können Sie nur konsequent vorgehen, indem Sie Ihre Grenzen setzen und öfter „nein“ sagen. Und den „Schweinehund“ in Ihnen können nur Sie selbst bekämpfen, denn es gibt nur einen Menschen auf der Welt, der Sie ändern kann – und das sind Sie selbst.

Die **Energieräuber-Übung:** Fragen Sie sich einmal: Was raubt mir meine innere Energie, meine Frische und Tatkraft? Und: Welchen ersten kleinen Schritt kann ich jetzt tun – nachdem ich meinen Energiedieb gestellt habe –, um ihn dingfest zu machen?

36. Wie Sie jeden Tag 30 Prozent mehr schaffen

Interessieren Sie sich für einen Tipp, täglich 30 oder 50 Prozent mehr zu schaffen als sonst?

Kein Problem: Verhalten Sie sich an Tagen, an denen Sie das Anderthalbfache erledigen wollen, genauso wie an den Tagen, an denen Sie schon mühelos 50 Prozent mehr geschafft haben.

Welche Tage ich meine? Den letzten Tag vor Ihrem Urlaub zum Beispiel! Wenn es da eilt, bestätigen mir viele Seminarteilnehmer, schaffen viele sogar locker das Doppelte des Üblichen!

Wie Sie vorgehen:

- 1. Schritt: Planen Ihren Tag bereits am Abend vorher – in der Regel mit Bleistift und Papier.
- 2. Schritt: Gehen Sie den Ablauf (am Vorabend oder am nächsten Morgen) im Kopf einmal durch und visualisieren Sie den Ablauf des ganzen Tages.
- 3. Schritt: Sie komplettieren den Plan am nächsten Morgen und setzen Prioritäten – und entscheiden z.B., welche Aufgaben zur Not delegiert oder verschoben werden können.

- 4. Schritt : Sie starten morgens ohne jede Anlaufüberlegung. Die Frage „Was gibt es heute eigentlich zu tun?“ stellt sich Ihnen gar nicht.

- 5. Schritt: Sie machen Ihre Arbeit, haben bei jeder Aufgabe das Ziel vor Augen und lassen sich von dem durch die Visualisierung geschaffenen Sinn für Prioritäten leiten.

Mein Tagesplan für morgen:

Und wann ich ihn als inneren Film visualisiere:

37. Die Suche nach dem Sündenbock

Haben Sie von dem Raucher gehört, der in den USA 40 Jahre lang täglich zwei Schachteln Zigaretten geraucht hat, anschließend Lungenkrebs bekam und dann Philipp Morris verklagt hat, weil die ihm verschwiegen hätten, dass Rauchen schädlich sei? Wissen Sie, dass dieser Mann in der ersten Instanz sogar Recht bekommen hat?

Meine Frage an Sie: Wie viel Verantwortung für sich und seine Gesundheit übernimmt jemand, der täglich zweimal die aufgedruckte Warnung „Rauchen schadet Ihrer Gesundheit" liest und anschließend dem Zigarettenhersteller die Schuld an dem Krebs gibt, in den er 40 Jahre lang selbst investiert hat?

Dieses Beispiel von gerichtlich unterstützter Sündenbocksuche ist sicher ein besonders makabrer Fall. Trotzdem einmal die Frage an Sie und mich: Wo wälzen wir die Verantwortung für unser Handeln auf andere ab?

Denkfehler Sündenbock: Bitte durchforsten Sie einmal Ihr Leben um herauszufinden, wem Sie die Rolle des Sündenbockes zuweisen: Ist unser Partner regelmäßig schuld, wenn es Krach gibt? Steht unser Chef unserer Beförderung im Weg? Ist er derjenige, der uns nicht versteht? Ist es die Zeit, die uns fehlt, was für unsere Gesundheit zu tun?

Wo stehle ich mich aus der Verantwortung und entmündige damit den einzigen Menschen, der mir helfen könnte: nämlich mich selbst?

38. Gefühle konstruktiv managen

Der erste Schritt, mit unseren Gefühlen konstruktiv umzugehen, ist folgender: Wir müssen erkennen, dass alle unsere Gefühle nützlich sind. Das, was Sie früher für ein negatives Gefühl gehalten haben, ist nichts anderes als ein Kommunikations-Signal Ihres Körpers – ein Kommando, aktiv zu werden.

Angenommen, Sie sind frustriert über die Art, wie Ihr Chef Sie behandelt. Dies bedeutet, dass zwischen Ihrer Idealvorstellung einer guten Zusammenarbeit und der tatsächlichen eine – vielleicht sogar beträchtliche – Lücke klafft.

Ihr Frust ist nichts anderes als das Kommando-Signal Ihres Selbstwertgefühles, das sagt: Werde aktiv und organisiere die Zusammenarbeit so, dass sie angemessen funktioniert. Negative Gefühle sind Signale, die uns warnen, bevor es zu spät ist. Sie sind ein Geschenk, das uns einerseits sagt „So nicht“ und uns zum anderen die Kraft gibt, aktiv zu werden.

Denn je stärker uns etwas ärgert, umso größer ist unsere Energie, für Abhilfe zu sorgen.

Also, wann immer Sie in sich etwas spüren, was Sie früher als schlechtes Gefühl angesehen haben, sehen Sie es als das, was es wirklich ist: ein eindringliches Kommando etwas zu verändern!

☞ Die **Emotions-Analyse:** Welche Gefühle haben Sie im Laufe der letzten Woche intensiv gespürt? Was wollen diese Gefühle Ihnen sagen? Machen Sie bei Ihren ersten Analysen eine Liste und notieren Sie Ihre konstruktiven Interpretationen derselben. Idealerweise können Sie diese Übung jeden Abend als aktive Psychohygiene zum Tagesabschluss nutzen.

Meine intensivsten Gefühle der letzten Zeit und was sie mir sagen wollen:

39. Ist Erfolg zufällig?

„Der Mann auf der Spitze des Berges ist dort nicht hinaufgefallen!“ Wie wahr: Wer oben auf dem Berg ist, verdankt dies nicht dem Zufall, sondern seiner eigenen Anstrengung dort hinaufzukraxeln – eine Binsenweisheit.

Doch wie sieht es aus, wenn wir uns im Alltag mit anderen vergleichen, die schon erreicht haben, was wir noch erreichen wollen?

Zucken wir die Schultern und erklären den Erfolg der anderen mit Glück, Zufall oder Beziehungsvitaminen und behaupten, sie seien den Berg hinaufgefallen?

„Erfolg ist Zufall“ ist die klassische Erklärung aller Verlierer – hüten Sie sich vor ihr, denn sie verstellt uns den Blick auf die Klettererfahrung derer, von denen wir profitieren können.

Psychologen sprechen von der so genannten Attributionstheorie, wenn es darum geht, mit welchen Eigenschaften und hintergründigen Glaubensüberzeugungen wir Menschen uns unsere Welt erklären. Dabei haben Wissenschaftler Folgendes festgestellt: Je mehr ein Mensch unbewusst annimmt, nicht selbst Verursacher seines Schicksals zu sein, umso mehr Ereignisse in seinem Leben erklärt er mit dem Prinzip des Zufalls. Umgekehrt gilt: Je stärker jemand die Verantwortung für sein Handeln übernimmt, umso mehr erkennt er, dass Zufall das ist, was uns zufällt, wenn wir die richtigen Entscheidungen treffen.

40. Kleine Dinge sind oft der Anfang großer Unternehmungen

Bitte halten Sie einmal einen Moment lang inne und denken Sie an die zwei oder drei Situationen, die Ihr Leben am stärksten zum Positiven beeinflusst haben: Vielleicht den Tag, an dem Sie in der Zeitung die Stellenanzeige für die Aufgabe gesehen haben, die Sie schon seit vielen Jahren ausfüllt. Oder den Tag, als Sie sich mit Ihrem Traummann oder Ihrer Traumfrau zum ersten Rendezvous verabredet haben.

Ist es nicht oft im Leben so, dass sich unsere großen Chancen aus ganz kleinen Gelegenheiten heraus entwickeln? Sehen Sie Ihr Leben deswegen so wie der alte Demosthenes, der größte Redner der Antike, der schon damals erkannt hatte: „Kleine Dinge sind oft der Anfang großer Unternehmungen."

Die **Chancen-Analyse:** Fragen Sie sich: Welche kleinen Chancen kann ich derzeit nutzen, in denen vielleicht der Anfang zu etwas Größerem steckt?

41. Der Narr und der Weise

Treffen sich ein Narr und ein Weiser und unterhalten sich: Wer von beiden lernt mehr?

Für viele ist die Antwort klar: Sie glauben, der Narr lernt mehr, denn er könne ja vom Wissen und Verständnis des Weisen profitieren. Lassen Sie uns etwas genauer hinschauen:

Ist der Narr nicht deswegen ein Narr, weil er die meisten Lernchancen bislang eben nicht genutzt hat? Und der Weise nicht deswegen weise, weil er nahezu jede Lebenssituation produktiv für sich und sein weiteres Lernen nutzen konnte?

Wie ist es mit Ihnen und mir: Wenn wir jemand treffen, der aus einer völlig anderen Erfahrungswelt kommt, der vielleicht jünger ist, unerfahrener und mit uns – was den beruflichen Status angeht – vielleicht nicht auf einer Ebene steht: Gehören wir zu den Narren, für die eine solche Begegnung Zeitverschwendung ist, oder sind wir weise und nehmen die Chance wahr, die Welt anderer – unserer Kinder, Nachbarn, Kollegen und Bekannten – einmal mit deren Augen zu sehen?

Der **Lernbereitschafts-Test:** Vielen Chefs ist – wie ihre Mitarbeiter wissen – nicht zu raten und nicht zu helfen. Bei manchen Politikern ist es ähnlich und das vornehme Wort für diese Art von Ignoranz lautet „Beratungsresistenz“. Das Problem bei diesem Mangel an

Zuhörbereitschaft ist, dass er sogar besonders intelligente und erfolgreiche Menschen heimsucht, weil diese durch ihre vermeintliche Überlegenheit besonders anfällig sind. Es ist deshalb nicht leicht, sich selbst hier auf die Spur zu kommen. Wenn Sie sich selbst gegenüber ehrlich sind, hilft folgende Übung:

Notieren Sie einmal die Namen von mindestens zehn Menschen, mit denen Sie beruflich oder privat häufig zu tun haben. Schreiben Sie dann dazu, wer von Ihnen mehr lernen kann und von wem Sie glauben, etwas lernen zu können: Wenn es deutlich mehr Menschen gibt, die nach Ihrer Einschätzung stärker von Ihnen profitieren können, kann es sein, dass Sie auf dem Weg sind, ein Narr zu werden!

42. Geldbewusstsein

Ist Ihnen bekannt, wie viel Geld Sie im Laufe Ihres Lebens schon verdient haben?

Und wissen Sie auch, wie viel Prozent davon bis heute bei Ihnen geblieben sind, d. h. wie groß Ihr derzeitiges Bargeld- und Anlagevermögen ist?

Möglicherweise schockiert es Sie, die beiden Zahlen einmal zu vergleichen.

Wenn Sie sehr viel mehr Geld eingenommen als behalten haben, dann beherrschen Sie zwar die Rolle des Geldverdienens, aber nicht die des Geldvermehrens.

Was können Sie tun, um Ihr Geld für sich arbeiten zu lassen?

Die meisten Menschen schaffen es nicht, finanziell unabhängig zu werden und irgendwann – spätestens im Alter – von den Erträgen ihres Kapitals leben zu können. Der Grund ist in aller Regel nicht, dass sie nicht genügend verdient hätten, sondern dass sie das Ziel der finanziellen Unabhängigkeit niemals mit Priorität verfolgt haben.

☞ Fragen Sie sich deswegen:

1. Wie viel Geld brauche ich monatlich, um ein Leben leben zu können, das meinen Vorstellungen entspricht?

____

____

____

____

2. Wann möchte ich finanziell unabhängig sein?

____

____

____

____

3. Wie viel Geld muss ich monatlich zurücklegen, um mein Ziel zu erreichen?

____

____

____

____

43. Ausnahmen als Gewohnheitskiller

„Schlechte Gewohnheiten schaden uns oft stärker als unsere schlimmsten Feinde; gute Gewohnheiten helfen uns mehr als unsere besten Freunde“, sagen die Chinesen.

Haben Sie schon einmal darüber nachgedacht, wie viele gute Gewohnheiten Sie in Ihrem Leben begonnen, aber dann leider mittendrin wieder aufgegeben haben? Bitte überlegen Sie einmal: Wo wären Sie heute, wie glücklich, zufrieden und erfolgreich wären Sie, wenn Sie den guten Gewohnheiten, die Sie irgendwann gestartet haben, treu geblieben wären?

Ich glaube, wir wissen sehr genau, was uns damals gestoppt hat: Erinnern Sie sich noch an den verführerischen Gedanken: Ach, nur diese eine Zigarette? Diese eine Ausnahme: „Einmal ist keinmal?“

Dann wissen Sie: Ausnahmen brechen uns das Genick.

Entscheiden Sie sich deshalb, wann immer Sie eine neue Gewohnheit aufbauen wollen, keine einzige Ausnahme zuzulassen, bis die Gewohnheit wirklich „sitzt“. Wann dies der Fall ist, können Sie durch Selbstbeobachtung leicht feststellen. Angenommen, Sie wollten die Gewohnheit aufbauen, regelmäßig joggen zu gehen. Eines Morgens müssen Sie früh zum Flughafen und sind sehr erleichtert, weil Sie nicht zu joggen brauchen. Diagnose: Joggen ist für Sie nach wie vor Pein und deshalb noch keine Gewohnheit, auf die Sie sich verlassen können.

Vier Wochen später müssen Sie wieder früh los und merken auf einmal während des Tages, dass Ihnen etwas fehlt. Sie stellen fest, dass Sie Ihr morgendliches Joggen vermissen. Diagnose: Joggen ist inzwischen positiver besetzt als Nicht-Joggen und die zarte Pflanze der guten Gewohnheit ist da.

44. Aufschieberitis

Aufschieberitis ist einer der meistverbreiteten Tricks, unangenehmen Situationen und Gefühlen aus dem Weg zu gehen: „Ach, den Kunden Müller kann ich wegen seiner Reklamation auch noch am Montag anrufen.“ „Natürlich ist es mir unangenehm, meinem 18-jährigen Sohn sein heimliches Rauchen auszureden. Wart ich erst mal ab, vielleicht hört er von selbst wieder auf.“

In aller Regel schieben wir Dinge auf, um uns kurzfristig negative Erlebnisse zu ersparen, obwohl wir genau wissen, dass das dicke Ende noch kommt.

Nervenenergie wird nicht verbraucht durch das Erledigen von Arbeit, sondern durch Aufschieben. An Tagen, an denen wir uns an allem vorbeidrücken, sind wir Abends müde und erschlagen, an Tagen, an denen wir eines nach dem anderen erledigen, sind wir Abends putzmunter – warum? Weil Erfolgserlebnisse zufrieden machen und uns stärken für neue Aufgaben.

Das **Vermeidungs-Protokoll:** Ein sehr wirksamer und aufschlussreicher Weg zur Selbsterkenntnis besteht darin, sich selbst einige Tage zu beobachten und ein so genanntes „Hin-zu-und-weg-von"-Protokoll anzufertigen: Sie notieren dazu alle Tätigkeiten, die Sie während eines Tages durchführen und protokollieren mit einem Plus- oder Minuszeichen zu jeder, ob Sie sich von ihr angezogen oder abgestoßen fühlen.

Also z.B.: Aufstehen -, Duschen +, Frühstück machen -, frühstükken -, Post bearbeiten –, usw. Bei den Aufgaben fällt Ihnen das Erledigen sowieso leicht, es geht also nur noch darum, die negativ besetzten Tätigkeiten anzugehen. Dazu verteilen Sie Prioritäten: Welche der negativen Dinge sind so „unwichtig", dass Sie sie delegieren können, welche überflüssig – also streichen! Bleiben nur solche übrig, die Sie unbedingt selbst erledigen sollten, und genau mit denen fangen Sie an. Die positiv besetzten Tätigkeiten gehen Ihnen sowieso leicht von der Hand.

45. Nein sagen lernen

Haben Sie ein großes, gutes Herz? Schätzen Sie Harmonie und versuchen Sie, es allen recht zu machen? Tun Sie sich schwer, anderen einen Wunsch abzuschlagen?

Wenn ja, dann sollten Sie sich einmal unseren teuersten Sprachfehler anschauen: Die Unfähigkeit, „nein" zu sagen:

Wie oft haben Sie und ich schon halbherzig „ja" gesagt, in der irrigen Ansicht, sich auf diese Weise unentbehrlich zu machen? Und wie oft mussten wir anschließend zugeben, dass wir unsere Versprechen nicht einhalten konnten, weil wir uns wieder einmal zu viel aufgeladen hatten?

Lernen Sie, „nein" zu sagen! Charmant, aber unnachgiebig. Denn wer nicht „nein" sagen kann, dessen „ja" ist nicht viel wert.

Drei Rezepte zum erfolgreichen „Nein"

1. Definieren Sie Ihre Verhandlungsziele vorher und legen Sie eine Mindestschwelle fest, die Sie keinesfalls unterschreiten.

2. Machen Sie sich Ihre obersten Prioritäten klar: Es ist leicht, zur 4. Priorität nein zu sagen, wenn man die ersten drei Prioritäten vor Augen hat, die durch ein „ja" gefährdet würden.

3. Der Tag danach: Wenn Sie sehr harmonieorientiert sind, wenn Sie sich teilweise weiter bei einem Ja ertappen, wo ein Nein besser gewesen wäre – bitten Sie um ein zweites Gespräch und teilen Sie mit, dass Sie sich nach sorgfältigem Bedenken umentscheiden mussten.

46. Aller Anfang ist schwer, bevor es leicht wird

Erinnern Sie sich noch an den Tag, an dem Sie das erste Mal mit einem Schaltgetriebe-Auto „Anfahren am Berg" geübt haben? Ersten Gang einlegen, in den Innen- und Außenspiegel gucken, Blinker links setzen, langsam Gas geben, Kupplung kommen lassen, Handbremse langsam lösen und anfahren ...

Oder erinnern Sie sich an den ersten Tag, als Sie das erste Mal mit Ihrem Computer gearbeitet haben oder auf Ihrer Schreibmaschine die 2-Finger-Such-Methode getestet haben?

„Aller Anfang ist schwer", sagt der Volksmund seufzend. Heute fahren Sie am Berg an, unterhalten sich mit Ihrem Nachbarn, hören auf den Wetterbericht und schauen den Mädels oder den Jungs auf der Straße hinterher.

Wenn Sie also irgendwo wieder einmal am Anfang sind, denken Sie daran: Alles ist schwierig, bevor es leicht wird. Alles, was es wert ist, überhaupt getan zu werden, ist es wert, am Anfang nur mäßig getan zu werden – nämlich so lange, bis unsere Lernkurve steigt und wir es gut tun können.

Wenn Sie also irgendetwas weniger perfekt beherrschen als Ihnen lieb ist, dann sollten Sie sich fragen, ob die Aufgabe für Sie wichtig genug ist, dass Sie die Geduld aufbringen, bis Ihre Lernkurve steigt ...

47. Alice im Wunderland

„Kannst du mir bitte sagen, welchen Weg ich von hieraus nehmen soll?" fragt Alice im Wunderland.

„Das hängt zum großen Teil davon ab, wohin du gehen willst", antwortet die Katze.

„Ooch, das ist mir eigentlich egal", sagt Alice.

„Nun, dann ist es auch gleichgültig, welchen Weg du nimmst", antwortet die Katze.

Soweit der berühmte Dialog zwischen der Katze und Alice im Wunderland. Doch wie sieht es bei Ihnen und mir aus?

Wie oft wissen wir im Alltag exakt, was wir erreichen wollen? Und wie oft nehmen wir an Meetings teil, führen Gespräche oder arbeiten sonst wie erst einmal darauf los, ohne exakt zu wissen, wo es langgeht?

Denken Sie öfter einmal an die Katze und machen Sie es sich zur Gewohnheit, vor jedem Telefonanruf und jeder neuen Aufgabe kurz abzuklären: Was ist hierbei mein konkretes Ziel?

Zielbewusstsein im Alltag:

Wissen Sie bei jeder Aktivität exakt, welches Resultat mit welchem Qualitätsstandard Sie in welcher Zeit erreichen wollen? Dieses Zielbewusstsein ist nicht allen

Menschen in gleicher Weise in die Wiege gelegt. Wenn Sie ein kreativ-spontaner Mensch sind, werden Sie sich vermutlich mit der Zielfocussierung schwerer tun als andere. Erarbeiten Sie sich trotzdem im Interesse Ihrer Effizienz einen Mindeststandard zum fokussierten Arbeiten: In einer Welt, die mehrheitlich denkt und plant, bevor sie handelt, wird ständige Spontanität zum Selektionsnachteil.

48. Übereinstimmung in Worten und Taten

Welche Menschen werden in unserer Gesellschaft von allen am meisten bewundert? Sind es nicht die, die wie Mutter Theresa, der Dalai Lama und viele andere weniger bekannte Beispiele einen klaren Standpunkt und ihre eigenen Werte haben und diese Werte nicht nur behaupten, sondern tatsächlich nach ihnen leben?

Ich glaube, wir alle respektieren Männer und Frauen, die klar Position beziehen für das, was sie glauben – und wir achten sie, unabhängig davon, ob wir ihre Auffassung in allen Punkten teilen. Menschen, bei denen Weltanschauung und Taten übereinstimmen, strahlen unbeirrbare innere Stärke aus.

Machen Sie diese Übereinstimmung von Werten und Taten zu Ihrem Ziel. Fragen Sie sich: Tue ich irgendetwas, das nicht mit meinen höchsten Werten übereinstimmt?

Wenn ja, dann stoppen Sie es und genießen Sie die Stärke des „reinen Gewissens".

Machen Sie die **Kongruenz von Worten und Taten** zu Ihrem Markenzeichen in einer Welt, in der diese Tugenden wegen der abschreckenden Beispiele von Inkongruenz bei Politikern und Wirtschaftsführern immer weiter an Bedeutung gewinnen.

☞ Fragen Sie sich:

1. Was sind meine höchsten Werte?

2. Wo lebe ich danach und wo nicht?

3. Entscheiden Sie sich dort, wo Ihre Werte und Ihr Verhalten auseinander klaffen, entweder für die Werte und ändern Ihr Verhalten – oder entscheiden Sie sich aktiv für neue Werte. Aber geben Sie sich nicht mit der Inkongruenz zufrieden, denn sie raubt Ihnen langfristig die Kraft des reinen Gewissens.

49. Das Geheimnis der grundlos guten Laune

Na, mit wieviel Vorfreude starten Sie in den heutigen Tag? Sind Sie gut oder sogar super gut gelaunt? Weil Sie heute in Urlaub fahren, Ihre Lieblingsaufgaben vor Ihnen liegen oder Sie heute Abend ein Rendezvous mit Ihrem Traummann oder Ihrer Traumfrau erwartet?

Sie sagen, zu Ihnen käme heute nicht der nette Herr vom Lotto, Sie würden heute vermutlich nicht befördert, sondern hätten einen ganz normalen Tag vor sich?

Dann habe ich einen Tipp für Sie: Im Lotto gewonnen zu haben und deshalb glücklich sein kann jeder.

Der springende Punkt ist: Sie und ich sind in der Lage, grundlos glücklich zu sein – einfach gut gelaunt zu sein, weil wir uns dafür entscheiden.

Wenn vor Ihnen ein ganz normaler Tag liegt, ist das Ihre Trainingschance, sich grundlos gut zu fühlen – einfach, weil Sie es wollen!

Die höchste Kunst des Stimmungsmanagements besteht darin, grundlos glücklich zu sein – so wie es uns der Dalai Lama und Mutter Theresa vormachen. Wenn wir noch nicht ganz so weit in unserer Persönlichkeitsentwicklung fortgeschritten sind, können wir das Konzept „aufgrund von Gründen glücklich" praktizieren.

Fragen Sie sich jeden Morgen:

Wenn ich mich heute entscheiden wollte, glücklich und dankbar zu sein: Welche guten Gründe könnte ich dafür anführen? Meine Gesundheit, meinen Arbeitsplatz, meine Familie ...:

50. Erfahrungen sammeln als Hobby

Manche sammeln Briefmarken, andere Bierdeckel oder Postkarten. Wie wäre es, wenn Sie und ich das Sammeln neuer Erfahrungen zu unserem Hobby machen würden?

Im Urlaub vielleicht einen Tauchkurs machen, wenn wir uns noch nie mit der Welt unser Wasser beschäftigt haben? Oder uns einen Abend einmal ein Symphoniekonzert gönnen, wenn die Welt der klassischen Musik bislang jenseits unseres Horizonts gelegen hat.

Denken Sie daran: Begrenzte Erfahrungen führen zu einem begrenzten Leben. Wer seinen Erfahrungshorizont erweitert, erweitert sein Leben.

Marian Diamont konnte im Tierexperiment beweisen, dass eine stimulierende Umgebung bei Ratten dazu führt, dass diese neuronale Verbindungen zwischen den vorhandenen Gehirnzellen neu aufbauen und damit das Gehirn erwachsener Ratten zu weiterem Wachstum angeregt wurde. Dies geschah aber nur bei den Ratten, die in der stimulierenden Umgebung selbst aktiv wurden und die deswegen das Feedback ihres eigenen Verhaltens verarbeiten konnten. Eine Vergleichsgruppe von Ratten, die der ersten nur zuschauen durfte, zeigte keine Veränderungen in den Gehirnverbindungen.

Das bedeutet für uns: Die Zaungäste dieser Welt, die den Aktivitäten anderer (z. B. im Fernsehen) nur zuschauen, profitieren sehr viel weniger als die, die interessante Erfahrungen selbst sammeln können. Sorgen Sie dafür, dass Sie zu den aktiven „Erfahrungssammlern" gehören.

51. Stärken stärken

Angenommen, es sei Ihr 80. Geburtstag. Die Wissenschaft hätte vor kurzem einen Durchbruch erreicht und einen völlig neuen Intelligenztest entwickelt, der das Potenzial eines Menschen ganz genau aufzeigt.

Sie sind als Jubilar einer der Ersten, der getestet wird: Als Ihr Ergebnis bekannt gegeben wird, ist es mucksmäuschenstill. Der Professor, der den Test durchgeführt hat, spricht von einem „genialen Potenzial, das in vielen Bereichen besser sei als das von Einstein."

Wie wäre Ihre Reaktion: Wären Sie stolz, ein solch cleverer Bursche oder ein solch helles Mädel zu sein oder wären Sie enttäuscht nach dem Motto: Hätte ich das bloß früher gewusst. Dann hätte ich mehr aus meinem Leben machen können ...?

Stopp! Sie haben es früher gewusst und Sie wissen es heute. Denken Sie einmal an die Situationen, in denen Ihr Talent aufblitzte und Sie über sich hinausgewachsen sind. Was könnten Sie aus Ihrem Leben machen, wenn Sie ihre Talente ausbauen und ernst nehmen würden?

Das Geheimnis der Menschen, die glücklich und erfolgreich sind, besteht in aller Regel darin, dass es ihnen gelungen ist, ihr Leben um ihre Talente und Stärken herum zu gestalten.

Persönliches Talentscouting:
Bitte fragen Sie sich einmal:

1. Welche Dinge beherrsche ich nahezu perfekt und mit hoher Konsistenz?

2. In welchen Bereichen lerne ich deutlich schneller hinzu als andere?

3. Welche Aktivitäten machen mir die größte Freude und geben mir die meiste Genugtuung?

52. Erfolge feiern

Na, wann haben Sie zuletzt einen Erfolg so richtig schön gefeiert? Eine Gehaltserhöhung oder Beförderung, den eigenhändigen Ausbau Ihres Dachgeschosses, eine Klausur?

Gehören Sie zu denen, die nach bestandener Prüfung zum Bootsführerschein zu einem kleinen Umtrunk einladen oder den Semesterabschluss wenigstens im Familienkreis feiern?

Oder produzieren Sie einen Erfolg nach dem anderen, nur um von dort direkt zum nächsten zu hasten?

Nehmen Sie sich ein Beispiel an Michael Schumacher, den viele für einen nüchternen und kühlen Deutschen halten: Wenn es ans Feiern geht – sein 5. WM-Titel gab ja genügend Anlass dazu –, macht ihm so schnell keiner etwas vor. Schumacher nutzt damit ein Motivationsrezept, von dem wir alle profitieren können: Permanente Höchstleistung funkioniert auf Dauer nur, wenn auch unsere Emotionen nicht zu kurz kommen ...

Wirklich Erfolg hat nur der, der seinen Erfolg auch genießen kann. Machen Sie es deshalb in Ihrer Familie zu einer Tradition, die Erfolge aller Familienmitglieder zu feiern. Das Selbstvertrauen Ihrer Kinder wird genauso wachsen wie Ihre Verbundenheit untereinander. Also: Wann steigt Ihre nächste Erfolgsparty?

53. Regeln, die über unser Glück entscheiden

Wann immer wir uns schlecht fühlen im Leben, hilft uns eine wichtige Frage weiter: Ist unser Negativ-Gefühl das direkte Ergebnis unserer Situation oder das Ergebnis von Regeln in unserem Kopf, die uns sagen, dass wir uns schlecht fühlen sollen?

Wer beispielsweise mit 30 kg Übergewicht bei hochsommerlichen Temperaturen in den 5. Stock keucht, der fühlt sich schlecht aufgrund der Situation; gertenschlanke Frauen mit 52 kg, deren Kopf sagt „Alles über 50 kg ist fett", fühlen sich schlecht nur wegen der Norm, an die sie glauben.

Die wichtigste Frage ist in diesem Fall: Hilft es uns weiter, wenn wir uns schlecht fühlen?

Wenn nein, stellt sich die nächste wichtige Frage: Ist unsere Messlatte unrealistisch?

Menschen, die glauben, sie könnten nur glücklich sein, wenn sie im Büro die Nr. 1 sind, ihre Kinder in der Schule einen Zeugnisschnitt von 1,3 haben und sie selbst weniger als 10 Prozent Körperfett haben, legen die Latte für den eigenen Zufriedenheitsmaßstab so hoch, dass sie permanent Frust erleiden müssen.

Wir alle wollen erfolgreich sein. Was Erfolg konkret ist, das definiert jeder Mensch nach seinen eigenen Regeln: Für den einen bedeutet Erfolg, mindestens

2,5 Mio. Euro im Jahr zu verdienen, für jemand anderen bedeutet Erfolg, ein ganzes Jahr nicht krank zu sein. Der Manager, der sich mit einem Jahreseinkommen von 2,4 Mio. Euro für einen Verlierer hält, wird genauso zum Opfer seiner Regeln wie die Frau, die sich mit 52 kg Körpergewicht als übergewichtig empfindet.

Fragen Sie sich deshalb regelmäßig im Rahmen einer persönlichen Rückschau: Wo gibt es in Ihrem Leben Regeln, mit denen Sie sich um den Erfolg bringen, weil Ihre Erfolgsdefinition weltfern ist?

54. Das Gedanken-Gefängnis

„Ich kann nicht. Ich kann nicht. Ich kann nicht.“ Merken Sie eigentlich, wie Sie sich eingekerkert haben mit dem berühmten „Ich kann nicht“ – „Das kann ich meinen Eltern nicht antun; nein, das kann ich meinem Chef nicht sagen; ich kann doch nicht die Kinder enttäuschen.“

Wo haben Sie sich auf Lebenszeit verstümmelt und Ihre Fähigkeiten und Talente amputiert mit Sätzen wie: „Ich bin nicht musikalisch.“ „Nein, Ballspiele liegen mir nicht.“ „Ich habe eben kein sportliches Talent.“

„Denke an Deine Grenzen. Es ist der sicherste Weg, dass sie Dir bleiben!“ Erschreckt Sie dieser Spruch wenigstens?

Was sind drei konkrete Bereiche, in denen Sie sich mit Ihrer Ich-kann-nicht-Formel selbst im Weg stehen? Die beste Strategie, eingebildete „Ich-kann-nicht-Grenzen“ zu überwinden, ist die Auseinandersetzung mit der simplen Frage: Was würde geschehen, wenn ich es täte?

„Ich kann in meinem Alter doch nicht mehr ins Fitness-Studio gehen.“ Was würde geschehen, wenn Sie es täten? Schlimmstenfalls werden Sie belächelt werden. Bestenfalls werden Sie bewundert. Höchstwahrscheinlich keines von beidem, aber deutlich fitter werden Sie auf jeden Fall ...

55. Grenzen überwinden

Der Tag, an dem die Mauer fiel – können Sie sich noch an damals erinnern? Daran, dass sich plötzlich wildfremde Menschen vor Freude in den Armen lagen, als nach 40 Jahren Trennung die Mauer keine Mauer mehr war?

Menschen in allen Teilen der Welt saßen – zu Tränen gerührt – vor ihren Fernsehern und haben verfolgt, welch gigantische Aufbruchstimmung uns über Wochen und Monate begeistert hat.

Damals hat Deutschland Geschichte geschrieben; heute können Sie und ich an unserer persönlichen Geschichte schreiben:

- Wo gibt es in Ihrem und meinem Kopf Mauern, die eingerissen gehören?
- Wo können Sie und ich Grenzen überwinden?
- In welchen persönlichen Beziehungen könnten wir nach Jahren der Trennung wieder zueinander finden, wenn wir nur den ersten Schritt tun? Nehmen Sie Maß am Modell Deutschland! Tun Sie den ersten Schritt, dann trägt Sie die Woge der Begeisterung. Und dann kommt die Phase der kleinen Schritte, bis der Erfolg komplett ist.

Gibt es in Ihrem Leben Beziehungen zu Familienangehörigen, ehemaligen Freunden, Verwandten und Bekannten, die irgendwann so belastend wurden, dass Sie zum Selbstschutz eine „Berliner Mauer“ einziehen mussten?

Berliner Mauern in unserem Kopf kosten Energie. Nutzen Sie deshalb die Chance, den ersten Schritt zu tun, die Mauer einzureißen. Sieger sind proaktiv und Taten sagen mehr als 1.000 Worte!

56. Die Kraft der positiven Erwartung

Wissen Sie schon, was Sie vom heutigen Tag erwarten?

Und mal unabhängig davon, ob Sie jetzt „ja“ oder „nein“ sagen: Wie wäre es, wenn Sie Ihre Erwartungen noch um einige tolle Gestaltungsideen für das Wochenende ergänzen würden?

Psychologen wissen nämlich, dass das Geheimnis vieler Menschen mit einem sonnigen Gemüt darin besteht, sich jeden Tag etwas vorzunehmen, auf das sie sich freuen und an das sie immer wieder denken – gleichgültig, welche Unannehmlichkeiten sie gerade zu ertragen haben.

Diese Sonny-Boys und -Girls stehen im Stau und sagen sich „Na und, heute Abend gehen wir chic essen“, werden angemacht von einem pampigen Kunden und denken: „Noch zwei Stunden, dann spiele ich Squash.“

Also denken Sie daran: Positive Erwartungen schaffen einen positiven Tag.

Welche positiven Erwartungen für heute, diese Woche und dieses Jahr können Sie als Motivationsturbo nutzen?

Das mache ich heute, weil es mir Spaß macht und sonst aus keinem anderen Grund:

Fürs Wochenende nehme ich mir etwas vor, das mir/ meiner/m Partner/in meinen Kindern so richtig Spaß macht:

57. Erfolgstagebuch

Die amerikanische Lernpsychologin Catherine Cox hat in den 20er Jahren des letzten Jahrhunderts die Lebensgewohnheiten von über 300 Genies studiert und bei aller Unterschiedlichkeit eine Übereinstimmung gefunden.

Ob Thomas Jefferson, Thomas Alva Edison oder Leonardo da Vinci: Alle diese Genies führten über ihren Tagesablauf, ihre Erfolge und ihre Lernerlebnisse von frühester Kindheit an Protokoll – eine Gewohnheit, die sie mit weniger als einem Prozent aller Menschen teilen.

Tun Sie das auch – und: Gestatten Sie sich keine Ausreden!

Wenn Elektriker-Lehrlinge jede Schraube im Material-Lager quittieren, Krankenschwestern jedes Aspirin notieren, das Patienten in der zweiten Nachtschicht anfordern, und Reinigungsfachkräfte alle zwei Stunden aufschreiben, dass sie die Sauberkeit der Toiletten überprüft haben, können Sie auch Buch führen über diese Erfolge.

Denn nichts macht erfolgreicher als Erfolg! Zahlen Sie täglich ein auf Ihr Erfolgs-Sparbuch und gönnen Sie sich einen schriftlichen Kontoauszug.

Mein Tipp: Führen Sie ein Erfolgstagebuch. Protokollieren Sie auf der Reise zu Ihrem Lebenstraum täglich in zwei Minuten die Bahnhöfe, Flughäfen und Etappenziele, an denen Sie bereits angekommen sind.

Leben Sie deshalb nach der Maxime: Ein Leben, das wert ist, gelebt zu werden, ist auch wert, festgehalten zu werden.

58. Vom Wenn-Denker zum Wie-Denker

Kennen Sie den klassischen Wenn-Denker? „Also, wenn ich nächstes Jahr befördert werde, das sage ich Dir, dann geht die Post ab. Und wenn ich dann noch sechs Richtige im Lotto habe und der Frau meines Lebens begegne, dann bin ich zufrieden."

„Wenn meine Frau mir nur zuhören würde, mein Chef nur Zeit für mich aufbringen würde, meine Kunden nur mehr Geld hätten ..."

Wenn-Denken ist wie leeres Stroh dreschen: Es kommt nichts dabei heraus. Ersetzen Sie deshalb Wenn-Überlegungen durch Wie-Fragen: „Wie schaffe ich es, dass

- ich befördert werde,
- meine Frau mir zuhört,
- mein Chef Zeit für mich aufbringt
- ich Kunden finde, die für meine Produkte Geld übrig haben?"

Wenn-Fragen sind für Träumer, Wie-Fragen für die, die ihre Träume realisieren!

Vom Wenn-Denker zum Wie-Denker:

1. Notieren Sie zunächst alles, was passieren müsste, damit Ihr Leben perfekt ist:

2. Markieren Sie alle Bedingungen, die Sie notiert haben (Beispiel: „Wenn ich dann Direktor bin und wir ein neues Haus haben, ..."):

3. Formulieren Sie die Bedingungen um in Pläne, mit denen Sie die Bedingungen erreichen können:

59. Das Gras auf der anderen Seite des Zaunes

„Das Gras auf der anderen Seite des Zaunes ist grüner“, sagt der Volksmund und meint damit, dass uns die Dinge, die wir nicht haben, oft attraktiver erscheinen als die, die wir besitzen.

Schon Zweijährige finden das Spielzeugauto oder die Puppe des Nachbarkindes erheblich interessanter als den eigenen Fuhrpark oder Puppenstall.

So ist es kein Wunder, wenn uns der Ehemann der Freundin schon beim ersten Treffen erheblich verständnisvoller vorkommt als der eigene und uns der neue Job eines Nachbarn um einiges reizvoller erscheint als der eigene Beruf.

Manche glauben gar, andere hätten generell mehr Glück mit dem Wetter im Urlaub, ihrem neuen Auto und ihrer – scheinbar – schrecklich netten Familie. Doch aufgepasst: Es ist nicht alles Gold, was auf den ersten Blick glänzt.

Das Gras auf der anderen Seite des Zaunes mag grüner aussehen, aber auch dort muss die Wiese gemäht werden: Wo verlieren Sie Energie, weil Sie Ihren Fokus auf die andere Seite des Zaunes richten und deswegen nicht dazukommen, aus der eigenen Wiese einen optimalen Rasen zu machen?

60. Fernsehsucht

Erinnern Sie sich an die Vielfalt der gestrigen Fernsehsendungen, die Sie in den vier Stunden zwischen abends um 8 Uhr und Mitternacht verfolgt haben? Ärgern Sie sich, dass überall nur Mist gesendet wurde und Sie eigentlich nirgendwo etwas Interessantes gefunden haben?

Die Frage ist: Haben Sie wirklich nach etwas Interessantem Ausschau gehalten? Haben Sie wirklich Ihren persönlichen Weiterbildungsplan gegen spannende Ankündigungen in der Programmzeitschrift abgewogen?

Oder haben Sie einfach einmal wieder zur Fernbedienung gegriffen und sind durch alle Kanäle gezappt in der Hoffnung, irgendwo werde schon etwas Interessantes dabei sein – eine Hoffnung, von der Sie wissen, dass sie mindestens in acht von zehn Fällen enttäuscht wird?

Die **Zeiträuber-Übung:** Durchforsten Sie Ihren Alltag einmal nach Zeitfressern wie ziellosem Fernsehen, unnötigen Restaurantbesuchen, langen Telefonaten mit Menschen, die Ihnen nicht so viel bedeuten. Entscheiden Sie dann, worauf Sie in Zukunft verzichten, damit Sie Zeit gewinnen für die Dinge, die Ihnen wichtig sind. Denken Sie immer daran: Der Sultan von Brunei und

Bill Gates mögen mehr Geld haben als Sie, aber was die Zeit angeht, sind wir ihnen gleichgestellt und verfügen ebenfalls über 24 Stunden am Tag ... Und niemand kann uns daran hindern, mit unserer Zeit so sorgfältig umzugehen, dass wir aus jedem Tag genauso viel an Sinn, Erlebnissen, Bildung und Freude herausholen wie die Reichsten dieser Welt ...

61. Eingebildete Grenzen überwinden

„Kennst Du den Abgrund", hat er zu Ihnen gesagt.
„Wir haben Angst", haben Sie geantwortet.
„Tretet an die Kante", empfahl er Ihnen.
Als Sie kamen, schubste er Sie hinab.
Und dann – flogen Sie davon!

schreibt Guillome Apollinaire in einem Gedicht.

Wo stehen Sie in Ihrem Leben an einer Mini-Klippe und brauchen einen kleinen Schubs, um davon zu fliegen?

Sollten Sie endlich einmal wieder zum Zahnarzt gehen oder ein offenes Gespräch suchen mit Ihrem 15-jährigen Sohn, zu dem Sie seit einem halben Jahr nur „Guten Morgen" und „Gute Nacht" sagen …?

Treten Sie an die Kante. Geben Sie sich einen Schubs. Und fliegen Sie davon!

62. Wir sehen, was wir sehen wollen

Kennen Sie diese Erfahrung: Sie haben sich gerade entschieden, ein Golf-Cabrio kaufen und von diesem Augenblick an springen Ihnen im Straßenverkehr lauter Golf-Cabrios ins Auge?

Sie haben angefangen, sich für Aktien zu interessieren und plötzlich fallen Ihnen in Ihrer Buchhandlung Investment-Titel auf, an denen Sie noch vor einigen Wochen achtlos vorübergegangen wären?

Psychologen bezeichnen dieses Phänomen als interessengeleitete Wahrnehmung: Was uns interessiert, sticht uns ins Auge.

Daraus ergeben sich nun einige interessante Schlussfolgerungen: Wenn manche Menschen, bei gleichen Ausgangsvoraussetzungen, für sich zehn Mal mehr Chancen entdecken als andere, dann könnte das mit interessengeleiteter Wahrnehmung zu tun haben.

Könnte es sein, dass einer eine Chance entdeckt, weil er sie für möglich hält und aktiv nach ihr sucht? Könnte es sein, dass ein anderer genau diese Chancen übersieht, weil er davon ausgeht, er habe keine Chance?

Und wenn das so ist, wie steht es mit Ihnen? Wissen Sie haargenau – beruflich und privat – was Sie wollen, so dass Ihnen das Chancen-Buffet Ihres Lebens ins Auge springen kann?

63. Beruflich Profi, privat Amateur

Wenn Sie beruflich so planen würden, wie Sie es seit Jahren privat tun: Wie lange würde es dauern, bis Sie pleite wären?

Die meisten Manager, denen ich diese Frage stelle, schätzen, dass sie in ihrem Beruf mit ihren privaten Planungs-Standards nach spätestens drei Monaten am Ende wären.

Wenn es Ihnen ähnlich geht, habe ich eine Frage: Warum zum Teufel nutzen Sie Ihr berufliches Planungs-Know-how nicht in Ihrem Privatleben?

Warum sind Sie im Beruf Profi und bleiben privat Amateur?

Denken Sie daran: Wir planen nicht unser Versagen, sondern wir versagen beim Planen.

Der **Total-Quality-Management-Test** fürs Privatleben: Angenommen, Sie würden einen externen Manager damit beauftragen, Ihr Privatleben zu planen und zu organisieren und der würde genauso planen, wie Sie selbst es tun: Welche Note würden Sie ihm geben? Und wie weit würden Sie mit diesem Manager in Ihrem Leben kommen? Wie lange würde es dauern, bis Ihr Privatleben, Ihre Finanzen oder Ihre Gesundheit bei diesem Planungsstandard irreparabel gefährdet wären?

64. Entschuldigungsfaktor Umwelt

Glauben Sie an die These, der Mensch sei ein Produkt seiner Umwelt?

Glauben Sie, unsere Eltern hätten uns alles Mögliche angetan und wegen dieser Traumatisierung könnten wir nicht heraus aus unserer Haut?

Überzeugt Sie die Hypothese, die meisten psychischen Defizite hätten ihre Ursachen in einer schweren Kindheit, überlegenen Geschwistern, unfähigen Lehrern und einer kleinbürgerlichen Herkunft?

Wenn Sie an all diese mentalen Gefängnismauern glauben, ist Ihr Bewegungsspielraum ziemlich klein.

Sie sollten in diesem geistigen Knast den Schlüssel der Zellentür suchen. Machen Sie sich Folgendes bewusst: Wenn Sie die Biographien der Großen dieser Welt studieren, werden Sie feststellen, dass die große Mehrheit nicht eine verwöhnte Kindheit hinter sich hatte, in der ihnen die gebratenen Tauben in den Mund geflogen sind.

Im Gegenteil: Die meisten, die es weit gebracht haben im Leben, hatten – rein statistisch gesehen – mehr Probleme und größere Handicaps zu bewältigen als der Durchschnitt. Sie hatten deshalb auch mehr Trainingschancen als die anderen, sich auf den Erfolg vorzubereiten, den sie anschließend errungen haben.

Der Volksmund hat deshalb Recht, wenn er feststellt: Die meisten Menschen lernen aus ihren Misserfolgen mehr als aus ihren Erfolgen.

Fragen Sie sich deshalb: Welche Handicaps hat Ihre Vergangenheit für Sie bereitgehalten? Wurde Ihr Bruder Ihnen vorgezogen? Haben Ihre Eltern sich scheiden lassen? Haben Sie früh Ihre Eltern verloren? Mussten Sie mit 17 schon arbeiten?

Was auch immer Ihr Handicap ist: Sie haben es gemeistert und Sie haben etwas daraus gelernt. Fragen Sie sich:

Was habe ich aus der Überwindung meiner Handicaps für mein Leben gelernt? Was kann ich heute, was ich sonst wahrscheinlich noch nicht beherrschen würde?

65. Die motivierende Perspektive der Trainingschance

Angenommen, Sie ständen vor dem Problem, mit einem 30kg-Rucksack einen steilen Berg besteigen zu müssen.

1. Wie fühlen Sie sich, wenn Sie bei der Grundausbildung der Bundeswehr sind und Sie meinen, dass die 30 kg Steine sind, die Ihr Vorgesetzter eingefüllt hat, um Sie bis aufs Blut zu quälen?

2. Wie würden Sie sich fühlen, wenn Sie diese Steine als Bauarbeiter von Berufs wegen auf eine Berghütte tragen, die repariert werden muss?

3. Und wie würden Sie sich fühlen, wenn Ihr Trainer diese Steine eingefüllt hat, um Sie mit diesem Zusatzgewicht auf Ihre nächste 8.000er-Bergbesteigung vorzubereiten?

Sie haben in allen drei Fällen 30 kg Steine im Rucksack. Trotzdem ist Ihre Motivation in allen drei Fällen unterschiedlich. Sorgen Sie deshalb dafür, in all Ihren Problemen die besten Trainingschancen zu sehen, die in Ihnen stecken.

☞ Fragen Sie sich deshalb:

Wo gibt es derzeit in meinem Leben Probleme und Ballast, die ich als Trainingschance interpretieren kann?

66. Das Schlaraffenland, in dem wir leben

Wie viele Schlösser würde Ludwig XIV. vermutlich dafür geben, wenn er nur vier Wochen in dem Schlaraffenland sein dürfte, in dem wir unser ganzes Leben verbringen?

Stellen Sie sich nur die Sensation am Hofe des Sonnenkönigs vor: In seinem Schlafgemach hätte er ein kleines Fenster in Form eines Fernsehers und durch dieses Fenster käme die ganze Welt in sein Schloss …

Am nächsten Morgen würde der Sonnenkönig aufstehen und könnte statt altmodischer Badezuber und Puderquasten einfach zum Duschen gehen.

Anschließend würde er mit einem 110-Spänner-Turbo in Windeseile an den schnellsten 6-Spännern vorbei fliegen zu seinem Büro, in dem sein PC nur darauf wartet, ihm alle Informationen über sein Weltreich auf Knopfdruck zu liefern.

Und nachmittags könnte der Sonnenkönig noch eben in zwei Stunden nach Mallorca fliegen statt mit Pferd und Wagen und Segelschiffen in eine solche Reise Wochen und Monate investieren zu müssen.

Gehören Sie zu denen, die ständig über die zwei Prozent jammern, die Ihnen zum Glück noch fehlen?

Und: Wann waren Sie das letzte Mal aus vollem Herzen dankbar für all die Dinge, die Sie haben?

Erstellen Sie doch einmal Interesse halber eine **„Sonnenkönigsliste“**, in der Sie all die Dinge auflisten, die Sie besitzen und um die der Sonnenkönig Sie unglaublich beneiden würde ...:

67. Souverän reagieren

Kennen Sie das Gefühl, wenn Ihr Auto bei Eis und Schnee einen eigenen Willen entwickelt und schnurstracks geradeaus fährt, obwohl Sie schon längst eine Kurve fahren wollten?

Natürlich wissen wir, dass unser Auto sich bei Glätte nicht wirklich selbstständig macht und aus eigenem Willen eine Spritztour unternimmt. Es setzt nach wie vor unsere Lenkkommandos um, nur führen diese Steuerbefehle auf Eis zu anderen Ergebnissen als denen, die wir gewohnt sind.

Wüssten wir – wie Rallyefahrer – damit umzugehen, führen wir auch bei Glätte dahin, wohin wir wollen – kurz: Wir haben ständig die potenzielle Kontrolle über unser Auto, auch wenn wir sie manchmal nicht richtig nutzen.

Gleiches gilt für unseren Kopf: Auch dort haben wir allein die ständige potenzielle Kontrolle, die Frage ist nur, ob wir – ähnlich wie der Rallyefahrer auf Eis und Schnee – versiert genug sind, uns dahin zu steuern, wo wir hin wollen.

Setzen Sie deshalb Prioritäten: Lernen Sie, Ihren Kopf zu managen. Denn wie der amerikanische Management-Guru Peter Drucker sagt: Wer sich selbst nicht managen kann, kann gar nichts managen!

Merke: Wann immer wir auf irgendwelche Auslöser emotional sehr inadäquat reagieren, steuert uns nicht nur die aktuelle Situation, sondern auch alle dazu gespeicherten früheren Erlebnisse. Hier kann ein guter Persönlichkeitscoach bei den Macken helfen, die wir alleine nicht aufgelöst bekommen.

Der wichtigste Streckenabschnitt auf dem Weg zu jedem Erfolg sind die 15 Zentimeter zwischen unseren beiden Ohren: Dort sind alleine wir der Boss – die einzige Frage ist, ob wir von diesem Selbststeuerungspotenzial in ausreichender Weise Gebrauch machen.

Fragen Sie sich deshalb: Gibt es Lebensbereiche, in denen ich emotional ausraste und weit hinter meiner sonstigen Souveränität zurückbleibe?

68. Heute schon dazugelernt?

Was haben Sie heute schon gelernt? Vielleicht sagen Sie: „Heute noch gar nichts“, denn möglicherweise hat Ihr Tag hat gerade erst angefangen, so dass Sie noch gar keine Zeit hatten Neues zu erlernen.

Okay, okay. Dann die Frage: Was konkret haben Sie gestern Neues gelernt?

Es fällt Ihnen immer noch nichts ein? Also gut, dann die letzte Chance: Was sind Ihre sieben wichtigsten Lernerlebnisse in den letzten sieben Tagen?

Wenn Sie immer noch mit der Antwort zögern, dann sicher nicht deswegen, weil Sie nicht genügend Lernerlebnisse gehabt hatten, sondern deshalb, weil Sie sie nicht systematisch genug ausgewertet haben.

Von heute an notieren Sie sich Ihre wichtigsten Lern-Aha's jeden Abend – ähnlich wie Leonardo da Vinci –, um sie sich mit der Frage bewusst zu machen: Was habe ich heute dazugelernt?

69. Die Denkfalle „Ich hab' schon alles erreicht"

Stellen Sie sich einen 3-Jährigen vor, der gelernt hat, mit seinen Spielzeugautos zu fahren und seinen Brummkreisel zu bedienen und der nun zu sich sagen würde:

Okay, das ist es. Das ist das, was ich vom Leben erwarte. Ich hab erreicht, was ich erreichen wollte. Spielzeugautos fahren macht Spaß, Brummkreisel macht Spaß. Warum soll ich noch Neues entdecken? Ich bin zufrieden mit dem, was ich erreicht habe. Man muss sich im Leben auch bescheiden können.

Ich denke, Sie erkennen den Punkt, um den es geht: Wer keine neuen Wünsche und keine neuen Bedürfnisse mehr entwickelt, hört auf zu wachsen und verliert irgendwann an Lebenslust.

Mit drei Jahren genauso wie mit 30 oder 60.

Sind Sie mit dem Brummkreisel von heute zufrieden und haben damit den ersten Schritt getan, Lebenslust zu verlieren? Anders gefragt: Welche Erfolge, auf denen ich mich ausruhe, hindern mich daran, neue Erfolge zu suchen?

70. Die größte Herausforderung unseres Lebens

„Letztlich ist jeder mit sich allein“, sagt der Philosoph Arthur Schopenhauer und fügt düster hinzu: „Und dann kommt es darauf an, wer mit wem allein ist!“ Der amerikanische Humorist Ambroce Bierce drückt es nicht minder pointiert aus. Er meint: „Allein sein heißt für die meisten Menschen in schlechter Gesellschaft sein ...“ Wie steht es mit Ihnen:

- Wollten Sie sich selbst zum besten Freund haben?
- Können Sie sich auf sich selbst verlassen?
- Wenn Sie sich etwas vornehmen, sind Sie dann felsenfest davon überzeugt, dass es auch passiert?

Es sieht ganz so aus, dass Sie der sind, mit dem Sie in diesem Leben am meisten zu tun haben.

Wir brauchen eigentlich keine anderen Berge zu besteigen. Der höchste, schwierigste und wichtigste reicht – wir selbst.

Fokuspunkte: Wenn Sie Ihre Persönlichkeit in drei Punkten optimieren könnten: Welche hätten für Ihr weiteres Leben den größten Mehrwert? Folgende Charaktereigenschaften möchte ich zum Positiven verändern:

71. Unser Lebenstraum als größter Motivator

Haben Sie den Film „Ein unmoralisches Angebot“ gesehen?

Wenn nicht, es geht dort – in einem Satz zusammengefasst – darum, dass ein Geschäftsmann einer attraktiven Frau 1 Million Dollar dafür bietet, dass sie eine gemeinsame Nacht mit ihm verbringt.

Würden Sie für 1 Million Dollar untreu sein?

Würden Sie sich – wenn man Ihnen nur genug Geld böte – selbstständig machen und jeden Tag 12 bis 14 Stunden arbeiten? Wären Sie bereit – vorausgesetzt, die Belohnung wäre groß genug – Ihre Schüchternheit zu überwinden und eine Rede vor 10.000 Menschen zu halten?

„Na klar“, sagen mir viele, für eine Million würde ich jede Furcht überwinden – ein neues Leben anfangen, mich scheiden lassen, mir einen neuen Job suchen, nach Kanada auswandern ... Was auch immer erforderlich wäre.

Ich glaube, Sie erkennen den Punkt: Ist die Belohnung groß genug, wachsen wir alle über uns und unsere Ängste hinaus!

Die entscheidende Frage ist: Ist Ihr Lebenstraum groß genug, um Sie über Ihre Alltagsängste und -bremsen hinauswachsen zu lassen?

Übrigens: Ein einfaches Testkriterium hierfür ist der Drive, mit dem wir morgens aus dem Bett kommen: Für den Urlaubsstart in die Karibik springt man gerne beim ersten Weckerklingeln aus dem Bett, auch wenn es erst 5 Uhr morgens ist. Begeisterte Athleten machen sich ebenfall um diese Zeit zur ersten Trainingseinheit auf und Hans Selye – der Entdecker des Stress-Syndroms – war schon als Student von seiner Forschungstätigkeit so begeistert, dass es ihn morgens um 4 Uhr nicht mehr im Bett hielt und er diesen Tagesrhythmus seinen ganzes Leben beibehielt, um mehr geschafft zu bekommen.

Wie schätzen Sie sich ein beim **Lebensenergie-Test** „Aufstehen mit Vorfreude für den Tag“?

72. Innovatives Denken

Der Lehrer zur Klasse: „Wir zeichnen heute einen Baum."

Fritz holt sich Anregung und Inspiration vom Nachbarn.

Lehrer zu Fritz: „Wie der Baum deines Nachbarn aussieht, schau ich mir in dessen Heft an. In deinem Heft will ich deinen Baum sehen. Hier wird nicht abgeschrieben."

Sind Sie in der Schule auch durch dieses Anti-Kreativitätstraining gegangen: Abschreiben verboten!

Ideen anderer übernehmen verboten!

Haben Sie heute noch Schuldgefühle, wenn Sie die Ideen anderer aufnehmen und verwerten?

Wenn ja, dann machen Sie sich die Erkenntnis moderner Kreativitätsforschung bewusst, die uns sagt: Der beste Weg zu neuen Ideen besteht in der Neu-Kombination alter Gedanken. Also denken Sie daran: Es ist keine Schande, sich auf die Schultern seines Vordermannes zu stellen, um weiter schauen zu können!

Gary Hamel, einer der weltweit führenden Strategie-Experten hält innovatives Denken für eine der wichtigsten strategischen Schlüsselfähigkeiten für den Erfolg von morgen. Hamel glaubt, dass wir aus der paradiesischen

Fülle der weltweit vorhandenen Informationen nur durch innovative Kombination bekannter Elemente neue Werte schaffen können, die uns einen Vorsprung am Markt erringen lassen.

☞ Fragen Sie sich also: Wo kann ich sehr systematisch die Ideen anderer aufgreifen und damit für meine Kunden und mich selbst optimalen Nutzen schaffen?

73. Training ist der Schlüssel

Warum trainieren Michael Schumacher, Steffi Graf und Luciano Pavarotti? Weil es funktioniert! Weil sie durch Training besser werden!

Eine Binsenweisheit, sagen Sie? Jeder Weltklassesportler trainiert, um besser zu werden? Jeder weiß, dass wir alle nur durch Training besser werden?

Wenn Sie so sicher sind, dann beantworten Sie mir doch bitte zwei Fragen:

- Wie viele Menschen hoffen darauf, besser zu werden?
- Wie viele trainieren tatsächlich, um dieses Ziel auch zu erreichen?

Könnte es sein, dass es sich doch noch nicht überall herumgesprochen hat: Wir alle sind nur so gut wie unser Training es erlaubt!

1. Wo will ich – beruflich wie privat – besser werden?

____

____

____

____

____

____

2. Wo ist mein Training konsequent genug?

3. Wo kann ich es optimieren?

74. Selbstakzeptanz als Voraussetzung der Veränderung

Na, sind Sie in letzten Tagen mal wieder auf der Waage gewesen?

Haben sich vorsichtshalber morgens gewogen, nach dem Gang zur Toilette, vor dem Frühstück und ohne Schlafanzug, um Ihr Kampfgewicht noch mal um 300 Gramm zu drücken?

Oder gehören Sie zu denen, die vor dem Spiegel den Bauch einziehen, bei der Garderobe vorteilhafte Schnitte und Farben wählen, um dann festzustellen, dass Sie so dick eigentlich gar nicht sind?

Die Energie, mit der wir uns selbst verleugnen und die Wahrheit so lange frisieren, bis wir mit uns wieder zufrieden sind, ist riesig.

Und paradoxerweise ist es eben diese Energie, die uns am Boden festhält und dazu führt, dass wir Änderungschancen entweder gar nicht sehen oder ungenutzt verstreichen lassen.

Unser Durchbruch zum Erfolg kommt mit dem Tag, an dem wir mit dem Selbstverleugnungsunfug aufhören: Akzeptiere dich, wie du bist und du kannst gehen, wohin du willst.

Wo meiden Sie in Ihrem Leben den Spiegel, die Waage, Ihre Konto-Auszüge, die berechtigten Kommentare Ihrer Kinder wegen Ihrer ständigen Abwesenheit ...? Wenn wir erkennen, was wir vermeiden, haben wir den Ausgangspunkt für konstruktive Veränderungen erreicht!

75. Umgang mit Fehlern

Haben Sie in dieser Woche einen Fehler gemacht? Irgendetwas falsch gemacht, was Falsches gesagt, sich vertan? Wenn ja: Herzlichen Glückwunsch!

Denn Sie wissen ja: Wer viel arbeitet, macht viele Fehler. Wer wenig arbeitet, macht wenig Fehler. Und wer überhaupt nichts tut, macht gar keine Fehler.

Der entscheidende Punkt ist nicht, ob wir Fehler machen, sondern wie wir mit unseren Fehlern umgehen.

- Gehören Sie zu den Menschen, die sich minderwertig fühlen, wenn sie etwas falsch machen? Wenn ja, dann machen Sie sich bewusst, dass wir als Mensch nicht dadurch wertvoller werden, wenn wir Englisch lernen oder wissen, wie man Heringe mit Pellkartoffeln zuzubereitet. Und weil Wissen unseren Wert als Mensch nicht berührt, werden wir auch nicht wertloser, nur weil wir einmal vergessen, das Salz daran zu tun.

- Ärgern Sie sich über Fehler? Ebenfalls Energieverschwendung.

Sehen Sie Fehler als Orientierungshilfen. Denn dann werden Sie mit jedem Fehler erfahrener. Und vergrößern Ihre Chance, beim nächsten Mal richtig zu handeln.

Gute Entscheidungen sind das Ergebnis von viel Erfahrung. Und viel Erfahrung ist das Ergebnis von vielen Fehlern: Wer auf der obersten Führungsebene agiert, hat im Leben hundert Mal so oft entschieden wie seine Sachbearbeiter und deswegen auch garantiert mehr Entscheidungen versiebt als diese. Entscheidend ist deswegen nicht, wie oft wir hinfallen, sondern dass wir einmal öfter aufstehen.

Ein Narr lernt nicht aus seinen Fehlern. Ein Kluger lernt aus seinen Fehlern. Und ein Weiser lernt aus den Fehlern anderer. Also lernen Sie – aus Ihren Fehlern, aber auch aus dem, was Sie bei anderen beobachten. Wenn jemand aus Ihrem Freundeskreis permanent seine/n Partner/in schlecht behandelt und „plötzlich" verlassen wird, was lernen Sie selbst daraus?

76. Die Selbstanalyse des inneren Dialogs

Wie gut fühlen Sie sich jetzt in diesem Augenblick auf einer Skala guter Laune von eins bis zehn?

Welche Antwort wir uns auch geben: Wir stellen uns ein aktuelles Zeugnis aus über unsere Fähigkeit, im eigenen Kopf der Boss zu sein.

Neigen Sie z.B. am Morgen zu Frust-Fragen: Warum muss immer ich so früh aufstehen? Wie soll ich bloß alles schaffen bis heute Abend? Oder: Bin einmal gespannt, was heute wieder alles schief geht? Wenn Sie sich wegen solcher und ähnlicher Stress-Fragen weniger als zehn Gute-Laune-Punkte gegeben haben, treten Sie auf die Frust-Bremse – stoppen Sie sofort – und fragen sie sich:

Worauf freue ich mich heute am meisten? Und wenn Ihnen nicht genug einfällt, dann fragen Sie sich: Worüber könnte ich mich zumindest freuen, wenn ich wollte? – Über Ihre Gesundheit? Ihre Familie? Ihre Arbeit? Denken Sie daran: Es gibt Menschen, die alles, wirklich alles dafür geben würden, heute in Ihrer Position sein zu können. Könnte es sein, dass von sechs Milliarden Menschen mindestens fünf Milliarden sehr froh wären, wenn es ihnen heute so gut ginge wie Ihnen und mir?

Wenn ja, stellt sich die Frage: Sind wir uns dessen bewusst und spiegelt unsere Laune dies wider? Wenn nein, dann sind wir auf dem Niveau der „Ignoranten“, die seit fünf Jahren das erste Mal erkältet sind und erst dann kapieren, wie wichtig ihnen ihre Gesundheit ist …

77. Nehmerqualitäten

Haben Sie sich je gefragt, warum manche so unglaublich erfolgreich sind und andere als Unglücksraben durchs Leben gehen?

Was ist der Unterschied, der den Unterschied ausmacht?

Diese Frage beschäftigt mich seit vielen Jahren und wann immer ich für Unternehmen ein Führungs- und Verkaufstraining entwickle, nutze ich die Gelegenheit, die besten Mitarbeiter dieser Firma nach ihrem persönlichen Erfolgsrezept zu befragen.

Ein echtes Gewinner-Credo hat mir der europaweit beste Verkäufer eines großen Konzerns anvertraut: Mein Erfolg hat begonnen, als ich gemerkt habe, dass ich nicht nach der Zahl meiner Fehlversuche beurteilt werde, sondern nur nach der Zahl meiner Abschlüsse. Und die Zahl meiner Abschlusserfolge steht im direkten Verhältnis zur Anzahl der Fehlversuche, die ich verdauen kann ohne aufzugeben.

Wie wäre es, wenn Sie und ich uns diese Gewinnerphilosophie zu eigen machen würden, nach dem Motto: Wichtig ist nicht, wie oft wir hinfallen. Entscheidend ist, wie oft wir aufstehen und weitermachen, bis wir am Ziel sind.

- Wo werden Sie und ich nur nach unseren Abschlusserfolgen beurteilt?

- In welchen Bereichen können wir von der Statistik profitieren, dass Erfolg immer ein Gesetz der Serie ist?

Wir alle wissen, dass nicht aus jedem Kontakt ein Abschluss wird, wir nicht mit jeder Akquisitionsmaßnahme einen guten Mitarbeiter gewinnen, nicht aus jedem Nachbarn ein guter Freund und nicht jeder Schuss ein Treffer wird.

Aber wissen wir auch, dass das Gesetz der Serie gilt: Niemand ist zu 100 Prozent perfekt. Und deshalb gibt es auch keinen 100 Prozentigen Misserfolg. Das Glück kommt zu denen, die im Rennen bleiben.

78. Prügel vom Schicksal

Kennen Sie das blöde Gefühl, vom Schicksal Prügel zu bekommen?

Kennen Sie diese berühmten Tage, an denen nichts, aber auch gar nichts so läuft, wie Sie es sich vorgestellt haben? Haben Sie sich an solchen Tagen dann auch schon einmal gefragt: „Warum hat sich bloß alles gegen mich verschworen?“ Oder: „Warum muss das gerade mir passieren?“ Und haben sich mit diesem Einstieg ein emotionales Duftschaumbad Marke „Selbstmitleid“ gegönnt?

Hier ist die gute Nachricht für heute. Sie und ich werden nie alles kontrollieren, was uns zustößt, aber es liegt an uns, zu entscheiden, wie wir damit umgehen.

Schon die alten Römer wussten: Glück ist Talent für das Schicksal. Will heißen: Wir entscheiden zwar nicht wie der Wind weht. Doch es liegt an uns, die Segel zu setzen.

Also: Wann immer die nächste – auch ungebetene – Herausforderung auf Sie zukommt, fragen Sie sich: Wie nutze ich diese Trainingschance am besten?

79. Die positive Kraft der Rituale

Sind Sie abends schon einmal hundemüde und kaputt nach Hause gekommen und haben sich so richtig auf einen gemütlichen Feierabend im Kreis Ihrer Lieben gefreut?

Und kaum waren Sie zu Hause, da ging der Stress erst richtig los: Ihr Partner hatte einen schlechten Tag und hoffte auf Ihr Verständnis, während Sie selbst welches suchten? Sie wollten Ruhe und Ihre Kinder wollten Action.

Wenn Sie solche und ähnliche Situationen kennen, dann wissen Sie, wie wichtig beim Nachhausekommen die ersten 15 Minuten sind: Geht der Start in den Feierabend schief, sitzt der Ärger erst einmal tief.

Deshalb fragen Sie sich: Wie müsste bei mir die erste Viertelstunde zu Hause aussehen, damit wir alle optimal in einen harmonischen Feierabend starten? Denn Lebensqualität bedeutet Richtigmachen in kleinen Dingen, die nachher den großen Unterschied ausmachen.

Gehirnforscher wie Paul D. MacLean haben herausgefunden, dass unser Verhalten weitgehend im Stammhirn in Form von Mustern abgespeichert ist. Die Muster von Routinen und Ritualen geben uns emotionale Sicherheit. Priester, Militärs und Politiker wissen seit Jahrhunderten, wie wichtig es ist, Routinen emotional zu verstärken und als Rituale zu zelebrieren, damit sie die optimale Wirkung entfalten.

Entwickeln Sie deshalb Ihre eigenen Rituale: Zum Meditieren, für das Familienfrühstück am Sonntag, das abendliche Nach-Hause-kommen ...

80. Unser Qualitätsstandard

Und jetzt geht es um unsere beruflichen Qualitätsansprüche:

Reicht Ihnen als Flugzeug-Passagier im Gewitter der Pilot, der seine Prüfung noch so eben bestanden hat, oder wollten Sie sich lieber in den Händen desjenigen wissen, der seine Schlechtwetterlandungen mit Auszeichnung absolviert hat?

Würden Sie sich zur Herzoperation bei demjenigen anmelden, der seine Ausbildung vor 20 Jahren mit dem Examen abschloss oder fühlen Sie sich wohler, wenn Ihr Herzchirurg sich lebenslangem Weiterlernen verpflichtet hat?

Wollten Sie – bei der Heirat Ihrer einzigen Tochter – die Hochzeitstorte von dem Bäcker, der „halt seinen Job macht“, oder würden Sie zu dem Konditormeister gehen, der seinen Beruf als Berufung erlebt und jede Torte als Visitenkarte seiner Qualitätsphilosophie ansieht?

☞ Wie lautet Ihre **Qualitätsphilosophie?** Genügt Ihnen ein „Es geht gerade noch“ oder ist jede Aufgabe, die Sie abliefern, Ihr persönliches Meisterstück?

81. Identifikation mit der Aufgabe

Für wen arbeiten Sie eigentlich? Ihr Unternehmen, Ihren Chef; Ihre Kunden oder für sich selbst? Sicher steckt in allen diesen Antworten ein wahrer Kern, doch im Grundprinzip werden Sie und ich in der Praxis immer wieder beobachten: Je mehr jemand glaubt, er arbeite für jemanden anders, umso weniger identifiziert er sich mit seiner Arbeit und umso mehr Frust hat er. Je stärker wir uns mit unserer Aufgabe identifizieren, z.B. dass wir die Chance haben, uns zu fordern und unsere Talente einzusetzen, um uns auch persönlich weiterzuentwickeln, umso motivierter sind wir bei unserem Tun. Welche Wachstumschancen stecken in Ihrer Arbeit, welche Aufgabe möchten Sie gerne übernehmen, was trauen Sie sich zu? Nutzen Sie Ihre Wachstumschancen!

In den letzten Jahren viel propagiert worden ist der Gedanke, dass jeder Angestellte sich strategisch als 1-Mann- oder 1-Frau-Unternehmen sehen sollte – die so genannte Ich-AG. Weiterbildung aus der Arbeitnehmer-Perspektive ist Sache des Arbeitgebers, Weiterbildung aus der Sicht des Präsidenten der Ich-AG ist seine eigene Aufgabe, weil er selbst die Ressource ist, in die es zu investieren gilt.

Diese Perspektive kann uns deutlich machen: Für wen auch immer wir arbeiten, wir arbeiten immer für uns. Es ist unsere Zeit, unsere Energie, unser Leben und unser Lernen. Wer danach handelt, braucht sich um seine Nachfrage am Markt keine Gedanken zu machen.

82. Beziehungen

Hand aufs Herz: Was ist Ihnen im Leben das Wichtigste? Die Familie? Ihr Beruf? Ihre Hobbys?

Ich habe neulich die Gelegenheit gehabt, mich darüber mit einem älteren Pfarrer zu unterhalten, der auch Krankenhaus-Seelsorger war. Er hat zu mir gesagt: „Wissen Sie, ich habe mit einigen hundert Menschen in ihren letzten Stunden gesprochen. Reiche, Arme, Junge, Alte, Bauarbeiter, Ärzte – alle hatten nur noch ein Thema: Die Beziehung zu den Menschen, die ihnen im Leben wichtig waren."

„Vermutlich wäre viel gewonnen", meinte der Pfarrer, „wenn die meisten früher erkennen würden, was zum Schluss – und oft, wenn es fast zu spät ist – alle erkennen: Unsere Beziehungen zu anderen sind der Hauptschlüssel zu einem Leben das glückt."

Fragen Sie sich: Was kann ich heute, morgen und in Zukunft tun, um meinen Beziehungen die Beachtung zu schenken, die sie verdienen?

83. Der Glücks-Produzent

Haben Sie sich schon einmal gefragt, wer der einzige Mensch auf diesem Planet ist, der es in der Hand hat, wie glücklich Sie sind? Ihr Mann? Ihre Frau? Ihr Chef? Der einzige, der in uns unsere Gefühle aufbaut, sind wir. Der einzige, der darüber entscheidet, ob wir uns von unserem Partner genug, zu viel oder zu wenig gemocht fühlen, sind ebenfalls wir. Das Rezept zu guter Laune, Fröhlichkeit und Spaß besteht darin, zu erkennen, dass wir die Urheber unseres Glückes sind. Und uns deswegen jeden Tag neu entscheiden können, heute glücklich zu sein. Und dies dann auch sind, trotz schlechtem Wetter, trotz Zahnschmerzen, obwohl wir einen Schnupfen haben und am Ende des Geldes noch so viel vom Monat übrig ist. Werden Sie zu einem „Ich-bin-trotzdem-glücklich-Denker!"

Glück befindet sich niemals außerhalb von uns. Sondern immer nur in uns – wenn wir uns dafür entscheiden. Tun Sie's. Als glücklicher Mensch lebt sich's leichter.

Übung zur Selbstanalyse: In welchen Bereichen entscheiden Sie sich regelmäßig zum Glücklichsein? – Und wo zum Unglücklichsein?

Hierbei war ich bislang immer unglücklich:

Daran erkenne ich sofort mein Glück, auch wenn es sich etwas versteckt:

84. Gewinner

Würden Ihre Freunde Sie spontan als Gewinner-Typ bezeichnen? Ihre Kunden? Menschen, die Sie nicht so sehr mögen ebenfalls? Herzlichen Glückwunsch!

Denn Sie strahlen offensichtlich eine Einstellung aus, die sich viele erst erarbeiten müssen: Gewinner sind Teil der Antwort, Verlierer Teil des Problems.

Gewinner wissen: Es ist schwierig, aber ich kann es schaffen. Verlierer sagen: Ich könnte es zwar schaffen, aber es ist zu schwierig. Wollen Sie ein Gewinner sein?

Dann achten Sie auf Ihre Fragen. Denn die sind der Anfang unserer Taten: „Warum muss das gerade mir passieren?“ Hier grüßt ein Verlierer auf seinem Selbstmitleid-Trip.

„Wie geht es trotz aller Schwierigkeiten weiter?“ ist das Markenzeichen der Gewinner, die die Herausforderung annehmen!

Wo stelle ich mir Verlierer-Fragen? (Warum ich? Wieso ausgerechnet jetzt? Warum nicht jemand anders?) **Wo kann ich mir Gewinner-Fragen stellen**? (Wie geht es denn doch weiter? An welche Chancen haben wir noch nicht gedacht?)

85. Die Magie emotionaler Highlights

Sie wissen wahrscheinlich, dass romantische Gefühle eines der großen Highlights Ihrer Partnerschaft sind: Müssen Sie dann 365 Tage im Jahr auf Hochzeitsreise sein, um Ihr Romantik-Feeling dauerhaft zu verspüren? Gott sei dank geht es auch etwas preiswerter, denn unsere emotionale Grundstimmung wird bestimmt durch einzelne emotionale Highlights, die den restlichen Alltag überstrahlen.

Denken Sie nur an randalierende Quartalssäufer: Obwohl sie nur alle paar Wochen richtig ausrasten, versetzen sie ihre Umwelt spätestens nach dem ersten Bier in Furcht und Schrecken. Das Ganze funktioniert genauso im Positiven, wie Marketing-Profis wissen. Nutzen Sie deren Strategie des „magischen Augenblicks": Wer zweimal im Monat für ein romantisches Kerzenlichtdinner sorgt, einen Spaziergang im Mondschein einplant und ab und an für eine Mini-Geschenk-Überraschung gut ist, hält das Romantikfeuer in Gang.

☞ Welche „magischen Momente" könnten meiner Familie und meinen Freundschaften Highlights aufsetzen?

86. Rezept für Lebenskünstler

„Was zeichnet echte Bergsteiger aus?“ Reinhold Messner hat auf diese Frage vor Jahren einmal sinngemäß geantwortet:

- Sie brauchen weder Seilbahn noch Helikopter.
- Sie besteigen den Berg Schritt für Schritt.
- Sie wissen: Bergauf gibt es keine Abkürzungen.

Ich glaube, diese Charakterisierung gilt nicht nur für echte Bergsteiger, sondern auch für echte Lebenskünstler. Auch die wissen, dass

- es auf dem Weg zum Erfolg keinen Fahrstuhl gibt, sondern wir alle die Treppe nehmen müssen,
- der Erfolg Schritt für Schritt in Etappen zu erarbeiten ist und
- es in den meisten wichtigen Erfolgsbereichen, wie z.B. in Partnerschaften, Freundschaften und langfristigen Kundenbeziehungen keine Abkürzungen auf den Weg zum Erfolg gibt.

Bei welchen Plänen kann mir dieses kleine Bergsteigerrezept helfen, mit dem Kopf in den Wolken und doch gleichzeitig mit den Füßen auf dem Boden zu bleiben?

87. Die Werte hinter unseren Zielen

Haben Sie je zu sich gesagt: „Ich sehne mich so nach einer echten Beziehung?“

Und dann, nachdem Sie eine gefunden hatten, haben Sie kurze Zeit später festgestellt: „Beziehungen sind die Hölle; ich will hier raus!“

Der Grund für ein solches Hin und Her liegt darin, dass eine Beziehung kein Wert an sich ist, sondern nur ein Vehikel, mit dem wir hoffen, andere, uns wichtige Werte wie Liebe, Vertrauen und Geborgenheit zu erreichen.

Das Problem mit Vehikeln, wie Geld, Autos, Beziehungen, Freundschaften ist nur, dass sie nicht automatisch zu unseren Hauptwerten führen. Viele Menschen erreichen zwar ihre Zwischenziele wie Diplom, Familie und Karriere, stellen aber anschließend fest, dass sie immer noch nicht glücklich sind.

Wir müssen uns deshalb unsere Hauptwerte auf dem Weg zu unseren Zielen immer wieder bewusst machen und uns in Übereinstimmung mit ihnen verhalten, wenn wir die Erfüllung finden wollen, die wir verdienen.

Wenn wir beispielsweise in einer Beziehung Vertrauen und Geborgenheit erleben wollen, können wir nicht erwarten, dass diese sich von alleine einstellen. Wir müssen vielmehr unsere Partnerschaft immer wieder neu auf unsere Werte hin abstimmen und diese praktizieren.

Wenn wir von unserem Hobby Bergsteigen Spannung und Abenteuer erwarten, dann werden sich diese ebenfalls nicht durch die ständige Wiederholung von Routinetouren einstellen.

Fragen Sie sich also: Was sind die Werte hinter meinen Zielen? Wie muss ich den Weg zum Ziel gestalten, damit ich nicht nachher feststellen muss: Ich bin zwar da, aber es ist nicht dort, wo ich eigentlich hin wollte?

88. Die Saat des Zweifels

„Wer darüber nachdenkt, was er tut, wenn er verliert, der hat schon verloren“, heißt eine alte Erfahrungsregel im Boxsport.

Sie will uns hinweisen auf die verräterische Saat des Zweifels: Wer Zweifel sät, wird Misserfolg ernten. Wer zweifelt, reicht negativen Gedanken den kleinen Finger, und die Gefahr besteht, dass er ganz schnell die ganze Hand und seine ganze Persönlichkeit mit der Saat des Zweifels blockiert.

Denn die rein rationale Fragestellung „Welche Alternativen wähle ich, wenn es nicht klappt?“ führt oft zur emotionalen Verunsicherung: „Hoffentlich wird das kein Schuss in den Ofen.“

Prüfen Sie sich deshalb einmal: In welchen Bereichen zweifle ich an mir selbst oder meinen Zielen und blokkiere damit mein Potenzial?

89. Das Lerntagebuch

„Wer heute nicht klüger ist, als er gestern war, von dem halte ich wenig." An dieser Einschätzung von Abraham Lincoln ist sicher viel Wahres daran: Denn wer aufhört, dazuzulernen, wer aufhört, besser zu werden, der hört in unserer schnelllebigen Zeit bald auf, gut zu sein.

Die Frage ist: Wie können wir von gestern auf heute nicht nur dazulernen, sondern unsere Lernerlebnisse auch so speichern, dass wir sie in Zukunft tatsächlich zu Händen haben, wenn wir sie brauchen?

Viele großen Naturwissenschaftler, Dichter und Denker vertrauen ihre Lernerlebnisse schon seit Urzeiten ihren Tagebüchern an. Und es gibt viele Psychologen, die es nicht für Zufall halten, dass die kreativsten Menschen die sind, die sich mit ihren Ideen schriftlich auseinandersetzen, um dadurch den Kreativitätsprozess weiter stimulieren.

Ob Sie Ihr Lerntagebuch mit dem in Kapitel 57 vorgeschlagenen Erfolgstagebuch kombinieren wollen – wie es beispielsweise Leonardo da Vinci tat – oder beides getrennt führen, ist eine Frage des persönlichen Geschmacks. Wichtig ist, dass Sie die Gewohnheit entwickeln, sich sowohl auf Ihre Erfolge als auch auf Ihre Lernerfahrungen zu fokussieren. Die gute Gewohnheit, beides zum Tagesablauf zu protokollieren, ist für Ihr Selbstvertrauen und Ihren Lernfortschritt vielleicht die wichtigste Gewohnheit, die Sie aufbauen können.

90. Die kleinen Dinge genießen

Wann haben Sie zum letzten Mal einen Sonnenuntergang angeschaut? Oder sind durch den Wald spaziert und haben sich auf nichts anderes konzentriert als das Gezwitscher der Vögel oder den Duft der Blumen am Wegesrand?

Sind Sie jemand, der die Kleinigkeiten des Alltags noch wahrnimmt und genießen kann?

Oder haben Sie als Folge der permanenten Reizüberflutung schon soweit abgeschaltet, dass Sie immer höhere Reizdosierungen brauchen, um sich noch gut zu fühlen?

Mit unserem Leben ist es ähnlich wie beim Essen: Möchtegern-Gourmets brauchen Kaviar, damit es sehr toll war; echte Gourmets können sich an perfekt zubereiteten einfachen Gerichten genauso erfreuen. Wie ist es mit Ihnen: Sind Sie ein echter Lebenskünstler, der auch die kleinen Dinge intensiv genießen kann?

Die **Übung für Lebens-Gourmets:** Machen Sie sich eine Liste mit mindestens 25 Kleinigkeiten, die echte Lebenskünstler gerne genießen. Stellen Sie sicher, dass Sie sich all diese Kleinigkeiten im Laufe des nächsten Monats gönnen!

91. Whatever it takes

„Ich tue mein Bestes.“

Wenn Sie Ihrem Chef oder einem Kunden versichern „Ich tue mein Bestes!“ – ist das dann ein felsenfestes Versprechen, dass Sie den Job besser erledigen als jemand anderes, was auch immer passieren mag – oder heißt dies eher, ich werde es versuchen, bin mir aber selbst nicht sicher, ob es klappt?

Wir alle kennen die Antwort: „Ich tue mein Bestes“ ist eine vorbeugende Beschwichtigungstaktik und heißt im Klartext: Versprechen kann und will ich es nicht.

Streichen Sie diese Verlierer-Strategie aus Ihrem Vokabular. Ersetzen Sie sie durch das Markenzeichen der Gewinner und versprechen Sie Ergebnisse. Mit den Worten eines großen Sportartikelherstellers: Whatever it takes.

Johann Wolfgang v. Goethe, der Altmeister der deutschen Sprache, hatte eine Liste von 150 Wörtern und Formulierungen, die er als unschön empfand und zu denen er sich ansprechende Alternativen notiert hatte, um sein Denken (!) zu optimieren.

Welche Floskeln und Phrasen („Ich würde sagen, man könnte vielleicht meinen – natürlich will ich niemandem vorgreifen ...“ usw.) sind in Ihrem Denken und Sprechen Hinweise darauf, dass Sie noch nicht zu innerer Klarheit und Entschiedenheit gelangt sind?

92. Ein Markenzeichen von Profis

Kennen Sie Ingemar Stenmark, den mehrfachen Slalom- und Riesenslalomweltmeister, der in seiner Karriere 86 Weltcup-Rennen gewonnen hat und bei vielen als der beste Skifahrer aller Zeiten gilt?

Nachdem Stenmark 1980 zwei Olympia-Goldmedaillen gewonnen hatte, haben seine Mannschaftskameraden ihm zu Ehren zu einem kleinen Umtrunk eingeladen. Einer der Party-Teilnehmer, ein deutscher Sportfunktionär, hat mir dazu Folgendes erzählt:

„Stenmark selbst war bei der Party zunächst nicht dabei. Sein Trainer sagte, er habe noch zu tun. Als er sich nach zwei Stunden immer noch nicht blicken ließ, habe ich mich auf den Heimweg gemacht. Dort traf ich einen Jogger mit Pudelmütze, der mir auf dem Hinweg auch schon begegnet war. Im Licht der Straßenlaterne habe ich ihn dann erkannt. Es war Stenmark, der noch am Tage seines zweiten Olympischen Goldes die nächste Trainingseinheit absolviert hatte."

Das Markenzeichen der Profis ist Beständigkeit. Und beständiges Üben. Daran gemessen: Sind Sie Profi? Und trainieren Sie genug?

93. Sich selbst belügen

Angenommen, Sie laden zu Ihrem Geburtstag ein, und einer Ihrer Freunde sagt: „Du, das ist wirklich eine tolle Idee! Ich würde unheimlich gern kommen. Weißt du, fest versprechen kann ich es noch nicht. Aber ich bin fest entschlossen. Wenn es irgendwie geht, bin ich da."

Ein anderer Freund sagt: „Klar, ich komme!"

Frage: Bei wem von den beiden ist die Wahrscheinlichkeit größer, dass Sie ihn auf Ihrer Party sehen? Beim ersten oder beim zweiten?

Die meisten Menschen antworten spontan „Beim zweiten", weil sie meinen, dass derjenige, der schon sprachlich so herumdruckst wie der erste, sich innerlich noch gar nicht entschieden hat.

Wie steht es mit Ihnen?

„Eigentlich sollte ich mehr für meine Gesundheit tun."
„Also so geht das nicht weiter. Ich bin fest entschlossen, mir endlich mehr Zeit zu nehmen für die Familie."

Wobei wollen Sie sich selbst glauben machen, Sie hätten sich bereits entschieden, obwohl dies innerlich noch gar nicht der Fall ist?

Unsere Sprache ist ein Abbild unserer bewussten und unbewussten Gedanken, Wünsche, Hoffnungen, Sorgen und Ängste. Diese machen sich selten so deutlich bemerkbar wie beim „Freudschen Versprecher“, aber wer Ohren hat zu hören, kann sich anhand seiner Formulierungen ein gutes Bild davon machen, wie es um seine Vorsätze wirklich bestellt ist.

Viele Menschen, die sich im inneren Dialog ertappen bei Redewendungen wie „Eigentlich sollte ich heute noch einkaufen gehen“ wissen sofort, dass sie heute nicht mehr einkaufen werden. Ein klares „Ich muss vor 18 Uhr noch zum Bäcker!“ hat dagegen ganz andere Realisierungschancen.

Deshalb achten Sie auf Ihre Worte. Sie sind der Anfang Ihrer Taten!

94. Das Geheimnis der Selbstdisziplin

Kennen Sie den wichtigsten Tipp, um mit Negativ-Gefühlen konstruktiv umzugehen? Erschlagen Sie den Drachen, solange er noch klein ist!

Der beste Zeitpunkt, negative Gefühle in den Griff zu bekommen, ist der Augenblick, indem Sie sie erstmals registrieren. Ist die Maus nämlich erst einmal zum Elefanten aufgeblasen, hilft auch stärkste Selbstdisziplin kaum noch weiter.

Wer beispielsweise wartet, bis ihm vor Hunger die Knie weich werden, braucht sich nicht zu wundern, wenn er anschließend isst „wie ein Scheunendrescher“. Wer sich dagegen zwischendurch immer wieder einmal eine gesunde Zwischenmahlzeit gönnt, bekommt überhaupt keine Heißhungerattacken, denen er dann hilflos ausgeliefert ist.

Selbstdisziplin – hat mir ein alter Jesuitenpater gesagt – ist die Fähigkeit, dann die Kontrolle über unsere Gefühle zu übernehmen, wenn sie noch funktioniert.

In welchen Situationen (z.B. bei Heißhungerattacken, wenn Sie den ganzen Tag nichts gegessen haben oder bei Partys morgens um 2 Uhr, wenn Sie weiterfeiern, obwohl etwas Nachtschlaf vor dem nächsten Arbeitstag hilfreich wäre usw.) werden Sie trotz aller Disziplin Ihren Vorsätzen untreu, weil Sie sich zu weit in die emotionale Dynamik hineinbegeben haben?

Wo und wann kann ich solche Prozesse noch stoppen?

95. Geben Sie Ihr Bestes?

Michael Jordan, einer der erfolgreichsten Basketball-Spieler aller Zeiten, wurde in einem Interview nach seiner Lebensphilosophie befragt. Er antwortete: Nicht jeder kann der beste Verkäufer, der beste Manager oder der erfolgreichste Basketball-Spieler sein. Aber wenn jemand sein Bestes gibt, dann wird er unter Garantie eine ganze Reihe von Erfolgen erzielen. Und mit diesen Erfolgen zum Kreis der Besten zu gehören, ist Belohnung und Anerkennung in sich selbst.

Meine Frage an Sie: Geben Sie Ihr Bestes – beruflich und privat? Oder halten Sie Einiges von sich zurück?

Denken Sie daran: Der einzige Mensch, dem wir unsere Talente und Begabungen vorenthalten können, sind wir selbst.

Machen Sie einmal eine Liste mit all den Tätigkeiten, bei denen Sie jeden Tag Ihr Bestes geben.

Fertigen Sie anschließend eine zweite Liste mit all den Aktivitäten, bei denen Sie sich auch mit durchschnittlichen Ergebnissen zufrieden geben.

Wo gibt es Lebensbereiche, in denen es mir helfen würde, dort ebenfalls mein Bestes zu geben?

96. Die Gegenwart von der Zukunft her leben

Philosophen sagen uns: „Vergangenheit und Zukunft sind Erfindungen des menschlichen Geistes. Die einzige Zeit, die wirklich existiert, ist das Jetzt. Alles andere sind Filme über das, was war oder das, was sein wird."

Sind Sie Philosoph genug, um zu wissen, ob diese Theoretiker Recht haben? Hierzu habe ich eine Frage für Sie: Wenn wir Menschen offensichtlich die Möglichkeit haben, hinter uns und vor uns zu schauen:

- Was liegt Ihnen gewohnheitsmäßig näher?
- Leben Sie heute so, wie Sie es sich gestern angewöhnt haben?
- Wird Ihre Gegenwart von den Vorstellungen der Vergangenheit bestimmt?
- Oder leben Sie heute so, wie Sie sich morgen eine perfekte Welt vorstellen?

Kommen Sie zum Elite-Club derer, die ihre Gegenwart von der Zukunft her gestalten. Dann sehen Sie Ihre Chancen und Ihr Potenzial sehr viel besser. Und Philosophen hin oder her: Wer mit seinen Gedanken in der Zukunft ist, ist dort, wo wir alle den Rest unseres Lebens verbringen.

Fragen Sie sich also beispielsweise:

Wie sieht ein Bilderbuchjahr in meinem Leben in Jahren aus?

Wie sieht eine Bilderbuchwoche in meinem Leben aus?

Wie sieht ein Bilderbuchtag in meinem Leben aus?

97. Verlierer-Strategien

Neulich habe ich mich mit einem Geschäftsfreund unterhalten – einem Mann, der seit vielen Jahren beruflich und auch privat mit seiner Familie die ganze Welt bereist. Als wir auf das Thema Gewinner-Strategien zu sprechen kamen, hat er mich spontan gefragt:

„Kennst du eigentlich die größte kollektive Verlierer-Strategie in Deutschland?"

„Kollektive Verlierer-Strategie? Was meinst du denn damit?"

„Nun, wann immer ich von einer meiner Fernreisen zurückkomme und in Frankfurt lande, ist es für mich ein kleiner Kulturschock zu sehen, wie wichtig und ernst die meisten von uns unterwegs sind.

Wenn du zwei Tage vorher noch die Fröhlichkeit von Menschen erlebt hast, die nicht ein Zehntel dessen haben, was bei uns die so genannten ‚Armen' besitzen, dann dämmert dir, dass die meisten von uns gar nicht mehr wissen, wie gut es uns geht!"

Wenn Sie sich für ein Gewinnerkonzept interessieren, um sich regelmäßig bewusst zu werden, was Sie bislang erreicht haben, und Selbstverständliches als Besonderes zu werten, hier ist es:

Fragen Sie sich jeden Morgen – beim Rasieren, unter der Dusche oder vor dem Make-up-Spiegel: **Wofür kann ich und will ich heute dankbar sein?** Sie werden staunen wie vieles, für selbstverständlich Gehaltenes, uns dann wieder bewusst wird.

98. Zeit ist Geld oder etwa nicht?

Mit dem Sprichwort „Zeit ist Geld" bestätigen wir uns immer wieder, wie wichtig uns unsere Zeit ist. Überlegen Sie einmal: Wenn Zeit so verfügbar wäre wie Geld, dann könnten wir sie sparen, wann immer wir sie nicht brauchen. Wenn es uns in der Jugend langweilig ist, würden wir sie zur Zeitbank bringen und sie uns als Erwachsene, wenn wir sie brauchen, mit Zins und Zinseszins zurückzahlen lassen. Oder wenn wir zu wenig Zeit haben, könnten wir sie anderen, die nichts damit anfangen können, preiswert abkaufen.

Sie merken schon: Die Gleichung „Zeit ist Geld" – ist wenig durchdacht, denn unsere Zeit ist erheblich wertvoller als Geld – sie vergeht nämlich unabhängig davon, ob wir sie weise investieren oder leichtfertig verschwenden.

Wir können Zeit genauso wenig managen wie die Halbwertzeit von Uran. Das einzige, was wir managen können, sind wir selbst im Hinblick auf die Zeit. Fragen Sie sich deshalb einmal: Wo verschwenden Sie Zeit, die Sie gewinnbringender anders investieren könnten?

Zeit ist Leben, denn unser Leben ist aus Zeit gemacht. Schon Goethe erkannte: „Gegenüber der Fähigkeit, die Arbeit eines einzigen Tages sinnvoll zu planen, ist alles andere im Leben ein Kinderspiel." Es ist deshalb nicht verwunderlich, dass auch viele sehr talentierte und motivierte Menschen im Leben scheitern, weil sie den Spagat zwischen effizientem Selbstmanagement und der optimalen Nutzung ihrer Zeit nicht beherrschen.

Das Markenzeichen der meisten sehr erfolgreichen Menschen ist deshalb nicht zufällig ein sehr effizienter Umgang mit ihrer Zeit – was ja nach dem oben Ausgeführten nichts anderes ist als ein sehr effizienter Umgang mit sich selbst. Eifern Sie ihnen nach!

99. Das Gefängnis der eigenen Glaubensüberzeugungen

Was glauben Sie: Ist die große Mehrheit der Menschen ehrlich und fair, oder sind die meisten verlogen und sowieso nur auf ihren Vorteil bedacht?

Was immer wir glauben, es hat entscheidenden Einfluss darauf, wie wir uns verhalten und mit anderen umgehen. Die Herausforderung, vor der wir bei solchen und ähnlichen Überzeugungen stehen, besteht in drei Punkten:

1. Die meisten von uns haben sich nie bewusst Gedanken darüber gemacht, was sie glauben wollen.
2. Viele Grundüberzeugungen beruhen auf Missverständnissen und Fehlinterpretationen der Vergangenheit.
3. Wenn wir erst einmal eine Überzeugung gewonnen haben, dann nehmen wir sie in aller Regel für bare Münze und vergessen, dass es nur eine Ansicht ist.

Wovon sind Sie felsenfest überzeugt? Gibt es zu einigen Ihrer Ansichten gegenteilige Auffassungen, die genauso berechtigt sind? Wenn ja – wie würde Ihr Leben aussehen, wenn Sie sich anders orientieren würden?

Notieren Sie einmal 25 Glaubensüberzeugungen, von deren Richtigkeit Sie felsenfest überzeugt sind. Schreiben Sie hinter jede Ihrer Überzeugungen das genaue Gegenteil. (Beispiel: Frauen können nicht Auto fahren – Gegenteil: Die meisten Frauen verursachen erheblich weniger Unfälle als Männer und sind deswegen bessere Autofahrer.)

Überlegen Sie zu jeder These und Antithese, welche Konsequenzen es hätte, wenn die Gegenthese richtig wäre und Sie Ihr Leben danach ausrichten würden: Was fiele Ihnen dann leichter bzw. schwerer? Machte es Sinn, eine Synthese zu entwickeln?

100. Durch kleine Verbesserungen zum großen Erfolg

„Wer aufhört, besser zu werden, hört bald auf, gut zu sein“, lautet ein Sprichwort im Wirtschaftsleben.

„Wer ewig strebend sich bemüht, den können wir erlösen“, sagt der Dichter.

Gemeint ist dasselbe: Angenommen, Sie würden jeden Tag nur einen Millimeter-Schritt tun, um sich nur ein winziges Stück zu verbessern (sagen wir: ein Prozent mehr leisten als am Tag zuvor) – in spätestens drei Monaten würde anderen auffallen: Donnerwetter, hat der sich geändert. In zwei Jahren heißt es: Der hat wirklich Talent. Und in fünf Jahren sind Ihnen Neid und Missgunst der Unwissenden sicher.

Die Japaner haben aus diesem Gedanken ein Grundprinzip wirtschaftlichen Handelns gemacht: KAIZEN – der Weg der kleinen Verbesserungen zum großen Erfolg.

In welchen beruflichen und privaten Lebensbereichen kann mir der Gedanke des Kaizen helfen, in wenigen Monaten oder Jahren bis zur Spitze vorzustoßen?

Und welche Lebensbereiche sind mir wichtig genug, dies auch zu tun?

101. Die Qualität unserer Fragen entscheidet über die Qualität unserer Antworten

Der Qualitätsstandard unserer Fragen bestimmt den Qualitätsstandard unseres Lebens!

Das gilt für Unternehmen wie Familien genauso wie für Kirchen und Vereine. In Unternehmen, die florieren, stellen die Top-Entscheider die richtigen Fragen im Marketing wie in der Produktentwicklung.

In Partnerschaften, die florieren, fragen wir uns: Wie werden wir uns einig? Anstelle von: Wie kann ich Recht behalten?

Kirchen und Vereine, die Zulauf haben, fragen sich: Wie sprechen wir die Sprache unserer Mitglieder? Anstelle von: Was verlangt die Tradition von uns?

Welchen Bereich auch immer Sie in Ihrem Leben verbessern wollen: Es gibt Expertenfragen, die Sie und alle, die Ihnen nahe stehen, auf ein neues Erfolgsniveau heben!

In welchen Lebensbereichen habe ich Bedarf an neuen Qualitätsfragen?

Vier Regeln für die Struktur von Qualitätsfragen:

1. Die Frageform ist lösungs- statt problemorientiert. (Beispiel: Wie lösen wir die Aufgabe? Statt: Warum immer wir?)

2. Der Fragesteller ist Mitgestalter der Lösung und nicht Opfer. (Beispiel: Wie gewinne ich neue Entscheidungsspielräume in meiner beruflichen Tätigkeit? Anstelle von: Warum kommandiert mein Chef mich ständig herum?)

3. Aktiv statt passiv. (Beispiel: Wie lösen wir die Aufgabe? Statt: Wieso werden wir dauernd überfordert?)

4. Positive statt negative stillschweigende Voraussetzungen. (Beispiel: Warum habe ich so viel Glück? Statt: Wieso muss das immer mir passieren?)

102. Glück = Vorbereitung + Gelegenheit

„Manchen Menschen scheint das Glück hinterherzulaufen“, sagt der Volksmund, während andere es nicht finden, obwohl sie ihm hinterherlaufen.

Sind Sie einer dieser beneidenswerten Glückspilze, die für gute Gelegenheiten eine feine Nase haben und deshalb zur richtigen Zeit am richtigen Ort auftauchen?

Die Analyse vieler Glückspilz-Storys ergibt immer wieder dasselbe Bild: Einerseits hatten z. B. General Norman Schwarzkopf und der spätere Premierminister Winston Churchill am Ende einer langen, aber bis dahin gewöhnlichen Karriere eine außergewöhnliche Bewährungschance. Andererseits hatten sich beide ihr ganzes Leben darauf vorbereitet, eine solche Extremsituation zu meistern. Ein Rezept zum Glück könnte daher heißen: Glück ist das Ergebnis von Vorbereitung und Gelegenheit.

Sind Sie vorbereitet, wenn die nächste herausfordernde Gelegenheit auf Sie zukommt?

Wo könnte eine sorgfältige Vorbereitung für mich das Sprungbrett für die nächste Karrierechance sein?

103. Der ideale Tag

Könnten Sie für 50.000,– Euro einen Tag exakt so leben, wie Sie schon immer leben wollten?

Das bedeutet, wenn Sie morgens eigentlich um 6 Uhr aufstehen wollen, um in aller Ruhe zu frühstücken, dann müssen Sie es an diesem Tag tun.

Und wenn Sie sich zum Ziel gesetzt haben, alle Menschen, die Sie während der Arbeit treffen, mit Ihrer Freundlichkeit und Fröhlichkeit anzustecken, dann müssen Sie es an diesem Tag tun.

Und wenn Sie abends noch eine halbe Stunde Sport machen, 30 Seiten in einem guten Buch lesen und anschließend den Feierabend im Kreis Ihrer Lieben genießen wollen, dann müssen Sie es an diesem Tag auch tun.

Also wie sieht es aus: Wären Sie in der Lage, für 50.000,– Euro Prämie einen Tag lang Ihr perfektes Leben zu leben? Wenn ja, dann habe ich eine gute Nachricht für Sie:

Wenn Sie es für 50.000,– Euro können, dann können Sie es auch ohne Geld!

Das 30-Tage-Programm zum idealen Tag: Füllen Sie – etwa an einem Tag, an dem Sie frei haben – einen ganzen Tag so aus, wie es Ihrem Ideal entspricht (also z.B. mit Joggen, Zeit für die Familie,

Weiterbildung usw.). Machen Sie sich eine Liste mit allen Gewohnheiten, die Sie aufbauen müssten, damit Ihnen ein solcher Tagesablauf zur zweiten Natur würde. Setzen Sie Prioritäten und ordnen Sie die neuen Gewohnheiten nach ihrer Wichtigkeit. Praktizieren Sie die erste für 30 Tage, führen Sie Buch und starten Sie mit der zweiten Gewohnheit, sobald die erste sitzt.

104. Unsere Sicht auf Probleme

Haben Sie derzeit das eine oder das andere Problem? Ärger mit Ihrem Boss, Sorge um Ihren Arbeitsplatz oder Ihre Gesundheit oder Schwierigkeiten mit den wildesten Kindern der Stadt, die zufällig Ihre sind?

Wenn ja, dann haben Sie ausgezeichnetes Übungsmaterial, um in dieser Woche herauszufinden, ob Sie im Umgang mit Problemen Amateur oder Profi sind.

Amateure sehen Probleme durch folgende Brille: Sie glauben,

1. das Problem sei permanent – statt vorübergehend,
2. das Problem beeinflusse alle Lebensbereiche und nicht nur den, dem er entspringt,
3. das Problem sei Ausdruck der Minderwertigkeit – und nicht nur eine Aufgabe, die es zu bewältigen gilt.

Wo sind Sie Problem-Amateur und empfinden Schwierigkeiten als permanent, allumfassend und Ausdruck persönlicher Minderwertigkeit?

Wie können Sie Ihre Problemsicht professionalisieren und die realistische Perspektive einnehmen, dass Ihr Problem vorübergehen wird, dass es nur mit dem Bereich zu tun hat, in dem es Einfluss ausübt und mit Ihnen überhaupt nichts, sondern bestenfalls mit Ihrem Verhalten zu tun hat (so dass dessen Änderung ganz angebracht sein könnte)?

105. Winning starts with beginning

Kennen Sie die englische Redewendung: Winning starts with beginning – frei übersetzt etwa: Um gewinnen zu können, muss man erst einmal anfangen? Die Frage ist: Wo gibt es in Ihrem und meinem Leben Bereiche, wo wir nur deswegen nicht gewinnen, weil wir noch gar nicht mit etwas begonnen haben? Haben Sie sich z. B. von Ihrem Partner, Ihren Kindern, dem einen oder anderen Freund in den letzten Monaten oder Jahren gefühlsmäßig ein ganzes Stück entfernt? Haben Sie sich immer weniger zu sagen? Obwohl Sie sich eigentlich so viel zu sagen hätten und Sie nur einmal drüber reden müssten?

Um zu gewinnen, müssen wir erst einmal damit anfangen.

Denn nur wer die Initiative ergreift, kann Erfolg haben.

Nehmen Sie in Ihre Planung Ziele auf, bei denen Sie schon Erfolg haben, wenn Sie einfach einmal einen neuen Start wagen!

106. Erwarte das Beste!

„Erwarte das Beste, sei vorbereitet auf das Schlimmste, und nutze flexibel, was immer die Situation bietet.“ In dieser volkstümlichen Pi-Mal-Daumen-Regel steckt viel Lebenserfahrung: Denn wer weniger als das Beste erwartet, gegen den arbeiten die sich selbst erfüllenden Prophezeihungen.

Und wer keinen Alternativplan hat, für den Fall, dass die optimale Entwicklung einmal nicht eintritt, steht unvorbereitet im Regen.

Das wichtigste Kennzeichen der Erfolgreichen ist jedoch, dass sie unabhängig von ihren Plänen und Erwartungen offen sind für all das, was die Situation ihnen anbietet.

☞ Was ist mein Optimal-Ziel für heute/diesen Monat/dieses Jahr?

Was ist meine Alternative, wenn es anders kommt als ich gedacht habe?

Und: Wie kann ich offen bleiben für Chancen?

107. Zustand oder Potenzial?

Müllers sind bei einer piekfeinen Party eingeladen. Im Hintergrund erklingt leise Klaviermusik. Der Gastgeber fragt Herrn Müller jovial: „Können Sie Klavier spielen?“ „Leider nein“, sagt der, „ich habe noch nie gespielt.“ Zehn Minuten später spricht der Gastgeber mit Frau Müller: „Und wie ist es mit Ihnen, können Sie Klavier spielen?“ „Offen gesagt, weiß ich es nicht“, sagt Frau Müller, „ich habe nämlich noch nie versucht.“

Die Frage ist: Wessen Antwort ist richtig – seine oder ihre? Interessanterweise beide:

Die Antwort von Herrn Müller ist richtig, weil sie zutreffend sein aktuelles Können beschreibt.

Die Antwort von Frau Müller ist ebenfalls richtig, denn sie beschreibt deren Potenzial angemessen.

Die Frage ist: Was für ein Typ sind Sie? Denken Sie bei Herausforderungen eher an Ihr aktuelles Können oder an Ihr Potenzial? Was immer Sie tun: Ein bisschen à la Frau Müller hilft uns allen.

108. Je mehr wir etwas lieben, desto weniger empfinden wir es als Arbeit

Manche Menschen neigen zu der Arbeitseinstellung: Ich habe zwar nichts gegen Arbeit – aber warum soll ich sie jemanden wegnehmen, der sie gerne ausübt?

Meine Fragen an Sie lauten:

- Mögen Sie Ihre Arbeit?
- Lieben Sie Ihren Beruf?
- Identifizieren Sie sich so sehr mit ihm, dass Sie nie im Leben etwas anderes tun wollten?

Halten Sie es mit Richard Bach, dem Autor der Möwe Jonathan, der für sich festgestellt hat: „Je mehr ich etwas tun möchte, umso weniger nenne ich es Arbeit!"

Wir haben im Leben immer die Möglichkeit, etwas zu verändern: Wenn uns beispielsweise etwas stört, können wir in vielen Situationen die Störung abstellen. Und wenn das nicht funktioniert, können wir unsere Einstellung zur Störung verändern.

Tun wir beides nicht, sind alle Klagen Anklagen gegen uns selbst.

Fragen Sie sich also: Gibt es Dinge an meiner Arbeit, die mich stören und die ich ändern kann, damit ich mich noch stärker mit meiner Arbeit identifizieren?

Und wenn ich die Störenfriede nicht ändern kann: Mit welcher Einstellung würden andere Menschen an meiner Stelle diese Störungen konstruktiv aufnehmen und bewältigen?

109. Flexibilität beim Lernen

Kennen Sie den entscheidenden Unterschied im Lernverhalten von Ratten und Menschen?

Wenn Sie einer Ratte in einem Labyrinth die gewohnte Futterquelle versperren und ihr eine neue Futterquelle anbieten, braucht die Ratte drei bis vier Tage, um sich den neuen Weg zu merken.

Was daran so sensationell ist, wollen Sie wissen?

Nun, zunächst einmal die Tatsache, dass viele Menschen sich auch durch dutzende Fehlversuche nicht davon abhalten lassen, dasselbe unbrauchbare Verhalten ständig zu wiederholen: Da gibt es Leute, die seit Jahren den Wecker morgens auf 6 Uhr stellen, aber trotzdem nie vor 7 Uhr aufstehen.

Da gibt es Eltern, die ihre Kinder abends vom Spielen hereinrufen mit den Worten „Tobias, Susi, ihr müsst ins Bett“ und sich seit Jahren wundern, dass sie jeden Abend Trotz und Tränen bekommen.

Wo probieren Sie seit Jahren Dinge, die nicht funktionieren? Wo stellen Sie Ihren Wecker und stehen dann doch nicht auf? Wie motivieren Sie Ihre Kinder zum Aufräumen, ohne dass daraus je eine gute Gewohnheit würde? Wie lange wollen Sie schon mehr für Ihre Weiterbildung tun, ohne dass Sie es angehen? Wobei werde ich spätestens nach dem dritten Fehlversuch eine neue Strategie suchen, die besser funktioniert?

110. Brennende Wünsche

Was ist das wahre Geheimnis des Erfolges?

Das ist die Frage, die mir in Seminaren und Vorträgen am häufigsten gestellt wird. Psychologen haben darauf eine glasklare und durch viele Experimente untermauerte Antwort.

So zeigt z.B. eine Studie an 30.000 amerikanischen Verkäufern, dass von 104 untersuchten Faktoren nur ein einziger zuverlässig Auskunft darüber gibt, wie erfolgreich ein Mensch wird.

Die Top-Verkäufer der angesprochenen Studie unterscheiden sich beispielsweise deutlich in Talenten, Charakter, Ausbildung, Herkunft und anderen Faktoren. Das einzige Merkmal, das allen Top-Profis gemeinsam ist, ist der brennende Wunsch, etwas aus ihrem Leben zu machen. Schwache Wünsche bringen schwache Ergebnisse. Und ein brennendes Verlangen ist Ausgangspunkt aller Erfolge.

Sind Sie – daran gemessen – ein Erfolgsmensch?

„Wer hat, dem wird gegeben. Und wer nicht hat, dem wird auch noch genommen, was er hat." Diese biblische Erkenntnis ist in unterschiedlichen Kontexten bedeutsam – sicher aber auch in dem Zusammenhang, dass unsere Begeisterung ein Feuer ist, dass immer wieder neu entfacht sein will.

☞ Deshalb die Frage: Brennt in Ihnen der Wunsch, mehr aus Ihrem Leben machen zu wollen?

Wenn ja, können Sie dieses Feuer der Begeisterung immer wieder dadurch entfachen, dass Sie sich Ihren Lieblingsaktivitäten widmen. Psychologen wissen, dass unser limbisches System – der Ort, an dem unsere Gefühle produziert werden – unsere Wahrnehmungen insgesamt einfärbt: Wer frisch verliebt ist – in seinen neuen Partner, seinen Beruf, ein neues Hobby – dessen Begeisterung für das, was er liebt, breitet sich aus und taucht das ganze Leben in ein neues Licht.

Achten Sie deswegen darauf, dass das Feuer Ihrer Begeisterung niemals erlischt.

111. Motivation, Motivation, Motivation

Gibt es ein Geheimnis dauerhafter Selbstmotivation? Gibt es ein Motivationsgeheimnis, das wichtiger ist als andere? Gibt es eine Strategie, die uns allen erlaubt, beruflich und privat dauerhaft glücklich zu sein?

Ich glaube, die Antwort heißt eindeutig ja!

Wenn ich die Quintessenz aus 20 Jahren Managementcoaching ziehe, dann sind – nahezu ohne Ausnahme – diejenigen Klienten besonders erfolgreich und glücklich, die es geschafft haben, ihr Leben um ihre Stärken herum zu organisieren.

Menschen, die von morgens bis abends weitgehend die Dinge tun, die sie am besten können, die sie von Kindesbeinen an am liebsten getan haben und die sie mit der meisten Genugtuung erfüllen.

Menschen, die gelernt haben, realistisch zu sehen, was sie weniger gut können und diese Dinge in einem Team mit verteilten Kompetenzen an andere delegieren, die dort besondere Stärken haben.

Der Königsweg zu einem erfüllten Leben steht denen offen, die den Mut finden, sich zu ihren Stärken und Schwächen zu bekennen und ihr Leben danach auszurichten!

Nachwort

Haben Sie täglich Gelegenheit, beruflich und privat so viele Ihrer Stärken auszuleben, dass Sie auf Ihre Leistungen stolz sind und Ihre Aktivitäten Sie mit Genugtuung erfüllen?

Wenn Sie diese Frage bejahen können, helfen Ihnen die ersten 110 Tipps dieses Buches auf dem Weg zu weiterem Motivationserfolg.

Wenn Sie sie verneinen müssen, dann schaffen Sie zunächst das Fundament, auf dem alle anderen Motivationsideen aufbauen können!

Auf dem Weg zu Ihren Stärken wünsche ich Ihnen den Erfolg, den Sie sich erhoffen!

Ihr Alexander Christiani

Zum Autor

Alexander Christiani ist seit über 20 Jahren Trainer aus Leidenschaft und zählt zu den gefragtesten Beratern führender Spitzenleister aus Wirtschaft, Wissenschaft und Sport.

Ihm gelingt es wie wenigen anderen, die Themen „Persönlichkeitsentwicklung" und „Spitzenleistungen im Management und Vertrieb" so miteinander zu verbinden, dass sie sich wechselseitig verstärken.

„Performance-Management durch Motivation" ist ein Hauptbaustein des Christiani High Performance Systems und bildet mit den Modulen Talententwicklung, Marktanalyse, Expertenpositionierung und Entwicklung der eigenen Überzeugungskraft das Fundament für langfristigen Lebenserfolg.

Alexander Christiani hat weitere Bestseller (insbesondere den Motivationsbesteller „Weck den Sieger in Dir"), Hörbücher und Videos veröffentlicht.

Nähere Infos finden Sie unter:

Christiani Unternehmer AG

Maximilianstr. 9
D-82319 Starnberg
Telefon: +49 (0) 81 51 26 86 00
Fax.: +49 (0) 81 51 26 86 0-60
Email:info@christiani-ag.de
Internet: www.christiani-ag.de

Kostenlose deutschlandweite Info-Hotline:
0800-AChristiani (0800-2247478)

Stichwortverzeichnis

Abkürzung 157
Alice im Wunderland 95
Alternative 41f., 57, 164, 187
Anfang 94
Antwort 55, 70, 180
Apollinaire, Guillome 120
Arbeit 190f.
Archimedes 32
Attributionstheorie 82
Aufgabe 35f., 90, 95, 151
Aufschieberitis 90
Ausnahme 88
Autopilot 60

Bach, Richard 190
Bannister, Roger 51
Barriere-Überwinder 51f.
Becker, Boris 48
Bedingung 116
Begeisterung 19f., 45, 48, 109, 194
Belohnung 133
Berliner Mauer 110
Beständigkeit 165
Beziehung 152, 158
Bilder, innere 36
Biomarker-Übung 48
Bodymanagement 47

Chance 65, 121, 188
Chancen-Analyse 83
Charaktereigenschaft 132
Cox, Catherine 113

Da Vinci, Leonardo 113, 130, 161
Dalai Lama 97, 97
Dankbarkeit 69, 127, 174
Dankbarkeits-Übung 69
Delegieren 77
Denken, innovatives 135
Denkfehler 68, 79, 131
Dialog, innerer 66, 70, 95, 143, 167
Diamont, Marian 101
Drucker, Peter 128

Edison, Thomas Alva 113
Emotions-Analyse 81
Energie(-) 13, 139
-räuber 76
Entscheidung 41, 55, 70, 142
Entscheidungs-Übung 42
Erfahrung(s-) 101, 142
-horizont 101f.
Erfolgs-
-definition 107
-erlebnis 90
-party 105
-rezept 145
-tagebuch 113
Erledigen 77, 90
Erwachsen-Werden 29
Excellence 63f.

Fähigkeiten 17
Fehler 141, 145, 192
Feiern 105
Fernsehen 118
Floskel 164
Ford, Henry 55f.
Frage 55, 70, 155 180
Fröhlichkeit 173
Frust 57f., 80, 106, 143

Geduld 94
Gefängnis 108, 123, 177
Gefühl 43f., 80, 168
-, schlechtes 72, 168
Gehirn 101
Geld 86
Genie 113
Gewinner 145
Gewohnheit 15, 26, 60f., 88f., 184, 192
Glaubensüberzeugung 82, 177
Glück 19, 153, 182
Goethe 17, 64, 70, 164, 175
Graf, Steffie 137
Grenze 108f.

Haltung 47
Hamel, Gary 135
Handicap 124
Harmonie 92
Herausforderung 132, 189
Herz 92
Hunderter-Übung 22

Ich-AG 151
Ich-kann-nicht-Formel 108
Information 25
Initiative 196

Jefferson, Thomas 113
Jordan, Michael 170

Kaizen 179
Kleinigkeit 162
Know-how-Transfer 63
Konfuzius 33, 63
Kongruenz 97
Kreativität 135, 161
Kulturschock 173

Lachen 27
Laune, gute 99
Lebens-
-energie-Test 134
-gourmet 162
-künstler 65, 157
-planung 31
Leichtathletik 51
Lernen 43, 63, 84, 94, 130, 161, 192
Lincoln, Abraham 161

Macht-Frage 30
Mauer 109
McLean, Paul 60, 148
Messlatte 51, 106
Misserfolg 146, 160
Momente, magische 156
Motivations-
-psychologie 13
-tagebuch 12
Mutter Theresa 97, 99

Narr 84f.
Negativ-Szenario 14
Nein sagen 92
Newton 71
Niagarafall-Übung 23f., 62

Optimist 53
Orientierungshilfe 141

Party 189
Pavarotti, Luciano 137
Pein 49, 88
Pessimist 53
Pfarrer 152
Pioniergeist-Übung 56
Planung 31, 122, 186
Positiv-Motivation 13
Potenzial 103, 189
Power-Frage 71
Preis 37
Priorität 92, 128, 184
Privatleben 122
Problemanalyse 39f., 40

Qualitätsfrage 150, 180f.

Ritual 148
Rubinstein, Arthur 37
Rückschau 107

Schicksal 61, 147
Schlaraffenland 126
Schopenhauer, Arthur 132
Schritte, kleine 74
Schumacher, Michael 105, 137
Schweinehund 76
Selbst-
-analyse 39, 73, 88, 154
-disziplin 168
-management 176
-überschätzung 53f.
Shaw, George Bernhard 35
Sonnenkönig 126f.
Stammhirn 148
Stärke 103, 195
Stenmark, Ingemar 165
Stimmung 47, 65, 99
Sündenbock 79
System, limbisches 194

Tag, idealer 183
Tagebuch 161
Tagesplan 78
Tagtraum 37
Talent 18, 103, 108, 147, 170
Talentscouting 17, 104
Total-Quality-Management-Test 122
Training 59, 125, 137f.
- mentales 43f., 69
Transformation der Gefühle 72

Umprogrammierung 44
Umwelt 76, 123
Unabhängigkeit, finanzielle 86f.
Unterlassung 61

Verantwortung 29, 74, 79, 179
Vergangenheit 59, 171, 177
Verlierer 82, 164, 173
Vermeidungs-Protokoll 91

Wachstumschance 151
Wahrnehmung 121
Walesa, Lech 55f.
Weiterbildung 25f., 118, 192
Wenn-Denken 115
Wert 97f., 158f.
Wie-Denken 115f.
Wunsch 17, 38, 193f.

Zangen-Übung 13, 16
Zehnkampf 69
Zeit 21f., 67f., 175
Zeiträuber-Übung 119
Ziel 31, 159, 187
Zielbewusstsein 95
Zukunft 171
Zweifel 160
Zwischenziele 158